家族はなぜ介護してしまうのか

認知症の社会学

木下衆

世界思想社

はじめに

この本を手に取ってくれた人へ

私は、家族が高齢者を介護すべきだとは思わない。本書の副題の通り、私は社会学という学問分野の研究者として、認知症の、特に家族介護の研究をしてきた。その研究者として私は、家族が介護するのを当然とみなしたり、公的なサービスの役割を縮小しようとしたりする議論に反対の立場をとっている。『厚生白書』が同居家族を日本の「福祉における含み資産」と記したのが一九七八年のことだった。家族介護が、「日本の美風」でもなんでもなく、特に一九七〇年代以降に社会的につくりあげられたものであることは、高齢者介護を研究する者にとって常識であろう[1]。そうやって介護の責任を家族に課してきたことが、一方で介護家族（特に女性たち）への過重な負担として、他方で高齢者たちを取り巻く劣悪な環境へと帰結したことは、これまでに何人もの研究者やジャーナリスト、あるいは介護家族が指摘している。

また私の調査に協力してくれた介護家族たちも、家族が介護すべきだという考えはもっていなかった。彼らはむしろ、介護保険サービスを積極的に、最大限利用すべきであると主張していた。ある女性は家族会（介護家族の自助グループ）で、「介護はプロに、家族は愛を」と繰り返していた。また別の女性は手記の中に「介護保険は神の手」とまで記している。介護のプロに頼れない介護保険サービス利用開始前の暮らしが、いかに困難であったかを物語っているだろう。

ところが、にもかかわらず、彼ら家族たちは介護保険サービスを利用しながらも、何らかの形で介護を担っていた。彼らは例えば、日常的にケアマネジャーと介護の方針についてすり合わせ、患者が通う通所介護施設（デイサービス）を訪問して日々の様子を観察し、サービス内容に意見を申し立てていた。要介護認定の更新時期が来れば、審査に備えて患者の日常生活を記録した詳細なメモを用意し、医師や訪問調査員とやり取りをする。患者が施設に入所したとしても、できるだけ見舞いをし、気づいた点を職員に伝えていた。家族が、介護専門職や医療専門職から受ける問い合わせは、患者の食事や音楽の好み、趣味といった日常的なことから、延命治療の方針といった緊急時のことまで、多岐に渡る。家族はその一つ一つを、日常的にこなしていく。

ここに挙げた例は、「介護（ケア）」としてイメージされやすい、二四時間つきっきりでの身体的な世話ではない。「介護」は、身体的な世話に留まらないのだ。相手を見守り、意思や希望を読み取り、それを誰かに伝えることを手助けするなど、多様な面がある。[2] そこには、重要な責任がつきまとい、だからこそ介護家族は大きな負担を感じていた（もし本書を手に取ったのが介護家族なら、その負担を今まさに感じているかもしれない）。これから事例として紹介するように、彼らは介護の中で、悩むこと、憤ることを繰り返す。頼れるプロがいながらも、そして「介護はプロに」と思いながらも、彼ら家族は介護に、いわば巻き込まれていってしまう。

では、家族はなぜ介護してしまうのか。ここに、解き明かすべき大きな謎がある。これが本書の出発点だ。

私が注目するのは、「認知症」という病だ。そこに、「家族はなぜ介護してしまうのか」という謎を巡る、重要な論点が隠されている。

鍵となるのが、患者個々人の「その人らしさ（personhood）」に関する知識だ。患者本人を介護の中心に据え、多様な専門職がかかわる介護の体制がつくられるからこそ、介護家族の知識が頼られ、介護にかかわらざるを得なくなってしまう。

本書がこれから展開する議論は、「家族介護はこんなに素晴らしい」と主張するものではない。また逆に、「家族介護はこんなに酷い」というものでもない。ただ、家族介護はなぜ大変なのかということ。その大変さの源泉はどこにあるのかということ。そして現状で何が問題なのかということ。私たちがそれらをきちんと理解しなければ、恐らく建設的な議論はできず、介護する人、される人双方にとっての幸せにつながることはない。

私が調査を始めてから、調査協力者の多くの環境が変わった。中には、要介護者を残して亡くなった人もいる。あるいは、看取り後に体調を崩し、自らが介護を受ける側になった人もいる。

そんな彼らが、何を目指し、何に苦悩しながら介護をしていたのか。社会学の立場から、きちんと分析をしておきたい。

拾い読みで構いません

本書は、社会学の専門書として、最新の議論を踏まえた専門性の高い内容を目指した。

同時に、認知症患者の家族介護について、複数の具体的な事例をもとに書いた本として、介護にかかわる多様な人びとにも手に取ってもらえればと考えた。

そこで本書では、二つの工夫をした。まず2章以降、具体的な分析の内容を介護の進行になぞらえ、「認知症に気づく」（2章）、「患者にはたらきかける」（3章）、「悩みを抱える／相談する」（4章）、「他の介護者に憤る」（5章）という形で配置した。そして1章から5章の終わりに、各章の内容に対応した「コラム」を設けた。これは、本文に書ききれなかったエピソードを紹介しながら、それぞれの章とより実践的な議論とを接続しようとしたものだ。

だから、もし本書を手に取ったあなたが、今まさに介護に困っている人なら、自分の関心に応じて拾い読みをしてもらって構わない。例えば、「家族が認知症だと気づけなかった」と後悔している人は、1章を飛ばして2章から読んでも良いと思う。「家族が施設入所したが、これからどんなかかわりがもてるだろうか」と悩んでいる人には、3章が参考になることを願う。家族会の運営で悩んでいる人には、4章から読むことをお勧めする。あるいは「自分の苦労が他の介護者からなかなか理解してもらえない」と憤っている人は、いきなり5章から、どうぞ読み進めてほしい。1章は、認知症にかかわる（非常に）基礎的なことや、社会学の考え方についてまとめた章だ。この章は読み飛ばしても、他の章の内容は理解できるように構成したつもりだ。

あるいは、各章の内容を読むより先に、その章の終わりに付いている「コラム」から読み始めてもらった方が、良いかもしれない。それで、各章の雰囲気や私の考えをつかんでから読んでもらった方が、分析の内容がピンとくるかもしれないからだ。5章分の「コラム」だけまとめて拾い読みして本文に戻るのでも、全く問題ないと思う。

また、各章の内容もあまり細かく追おうとせず、事例だけを拾い読みしてもらっても構わない。「同じような悩みを抱えているのは自分だけではない」と知ることで、元気が出る人がいるかもしれない。

他にも、本書には多様な読み方があると思う。そうやって多様な読まれ方をする中で、少しでも誰かの役に立てるのなら、幸せなことだ。

もちろんプロの社会学者には、最初から最後まで通しで読んでもらうことを想定して、執筆している。その中で精緻な議論を展開することができれば、本書の専門書としての試みは、成功したといえるだろう。

目次

序章

新しい介護、新しい問題

Ｅさんの妻とＦさんの妻が発症前に作った作品

インタビューをはじめとする調査のために、介護家族のご自宅に伺うことがしばしばあった。

多くのお宅で私は、認知症の人たちの過去にまつわる思い出の品が、整然と整理されて飾られていることに気がついた。家族はしばしば、そうした品を取り出し、その人が発症前に何を得意とし、どんな生活をしていたか、生き生きと語ってくれた。そんな品を私にプレゼントしてくれた方もいる。Eさんは、妻が得意としていた漆塗り作品の中からヒョウタンを、Fさんは、妻が描いた鮮やかな書票を私に贈ってくれた。

彼らはそうした品を前に、「あの人は昔、こんなに元気だったのに」などと悲嘆にくれるのではない。

思い出の品は、認知症を患った相手がどんな人だったのかを記録する大切なものであり、家族はその相手の過去を振り返りながら、相手が今何を望んでいるか、自分たちはこれから何ができるか、考え続けていた。

彼らはそうして、常に認知症の人たちの歩んできた人生を振り返りつつ、より良い介護を目指していたのだ。

日本において、認知症患者を介護する家族は、膨大な人数に上ると推計される。例えば平成三〇年版『高齢社会白書』によると、介護保険制度のもと、要介護者等（要介護者または要支援者）に認定された高齢者は、二〇一五年度には六〇六・八万人となった。そして彼ら要介護者等に介護が必要になった理由のうち、認知症が一八・七％を占める（二〇一六年）。また疾患別の推計は明らかではないものの、「同居の家族」が主な介護者であるケースは、要介護者等全体の五八・七％に達している（二〇一六年）。この日本には、数万、数十万の「認知症患者を介護する家族」が存在すると考えられる。実際、全国的な自助グループ「公益社団法人認知症の人と家族の会」の会員数は、二〇一六年度末で一万一四七〇人に達した[1]。

昨今の社会学、特に医療社会学と呼ばれる分野では、「認知症に対する家族介護のあり方が新しくなった」、そしてそれに伴い、「彼らが新たな問題を抱えるようになった」という議論が提示されている。では、介護家族はいったい何に困難を抱え、何に悩んでいるのだろうか。

ここでは、本書の議論全体の前提を整理したい。そもそも、認知症とはどのような病なのか。そして、認知症ケアの何が変わったとされているのか。また、医療社会学はこれまで、認知症についてどのような視点から議論を展開してきたのか。こうした前提を確認した上で、本書の課題設定をしよう。

本章で確認したいのは、認知症ケアにおける動向が変化する一方で、それを研究する医療社会学もその変化を踏まえ、新たな議論を展開してきたことだ。そしてだからこそ、両者は重なり合った問題を抱えていくことになる。

1　認知症とは何か

医学的な定義

まず、現在、認知症が医学的にどのように定義されるか確認しよう。認知症とは、脳の障害によって知的機能が低下し、日常生活に支障をきたすようになった状態を指す。日本認知症学会は「認知症」を次の六項目から定義している(2)。

① 認知症の中核は記憶障害をはじめとした知的機能の障害であり、さらに失語、失行、失認および実行機能障害などの複数の知的機能の障害がみられる。
② これらの知的障害は、後天的な障害のため、いったん発達した知能が低下した状態がみられる。
③ 脳の器質性変化があり、脳の物質的な異常を基盤とした状態である。
④ 障害がある期間持続していることが必要で、ICD-10〔国際疾病分類第10版〕では「少なくとも6カ月以上」持続するとしている。
⑤ 知的障害の結果、社会生活や日常生活活動に支障をきたした状態である。
⑥ 急性・一時的なものではなく、意識障害がないときにも、上記の状態がみられる。

（日本認知症学会編　2008：8）

では、具体的にどのような症状が見られるのか。現在では、症状を「中核症状」と「周辺症状」の二つに大別するのが一般的である。中核症状とは、脳の障害に直接起因する症状で、「記憶障害、実行機能障害、失行、失語、失認」が含まれる。また周辺症状とは、「身体状態や環境によって影響され二次的に出現する様々な精神症状や行動障害」を指す。具体的には「妄想、幻覚、不安、焦燥、抑うつ、徘徊、攻撃的言動、睡眠障害、食行動異常（過食・異食）、介護への抵抗」が挙げられる（日本認知症学会編 2008：9–11）。

なお、この周辺症状にあたる症状に関しては現在、「ＢＰＳＤ」（認知症の行動・心理症状：Behavioral and Psychological Symptoms of Dementia）と呼ぶ場合も多く見られる。ただし本書では、調査協力者が「周辺症状」という分類を用いていたこともあり、「周辺症状」という呼称を採用する。いずれを用いるにしても、症状の成り立ちに関する理解は共通している。(3)

また、認知症の症状には別の特徴も指摘される。右に挙げた症状は多岐にわたるが、患者には、「自分は障害を抱えている」という自覚がない、あるいは徐々になくなっていく「病態失認」が指摘される（小澤 2005）。この点が、同じく記憶障害を特徴とする「健忘症」や、通常の老化に伴う記憶力の低下との、重要な違いだとされる。健忘症にせよ通常の老化にせよ、当人は記憶力の低下への自覚があるからだ。

二つの論点

ここではこうした定義から、本書に深く関連する二つの論点を挙げる。

第一に、認知症は「老化」ではないという点。先の定義の②にあるように、認知症とは、いったん発達したその人の知能や生活能力が、脳の器質的な障害で低下した状態を指す。そうした状態は、アルツハイマー病など百近い疾患を原因として生じる。それらは、いずれも高齢期に多く見られるが、これは普通の老化ではなく、一種の症候群だと理解される。

第二に、認知症は長期的なケアを必要とするという点。現在、早期の服薬などで、症状の進行を遅らせることができると強調されている。しかし現段階で、認知症を完治させる方法はない。つまり患者が死亡するまで、その症状は徐々に進行するのだ。このため、早期の医学的な治療（cure）及び継続的な介護（care）が求められることになる。

2　認知症ケアの何が変わったのか

二〇〇〇年代以降、この認知症へのケアのあり方を一新しようという議論が、急速に広まっていった。精神科医の小澤勲（2003）や室伏君士（2008）は、どちらも「理にかなった認知症ケア」の確立が急務だと説いた。書名に「新しい認知症ケア」と掲げた、医療介護専門職そして介護家族向けのマニュアルも出版されている（河野 2012、三好 2012）。いずれにしても、認知症患者への向き合い方を新しくすることが目指されているとわかる。

かつての認知症ケアのあり方

そもそも、「古い認知症ケア」とはどのようなものだったのか。ここでは一九六〇年代から九〇年代を、簡単に振り返ろう。それは典型的には、介護家族が「どのように介護したらいいのか、わからないまま」、患者と「共倒れ寸前」まで在宅で暮らす生活であった（呆け老人をかかえる家族の会編 1982）。そもそもこの時代、「痴呆老人は福祉の対象ではなく医療の対象」とみなされていた（宮崎 2002: 524）。一九八四年以降、ようやく特別養護老人ホームが「痴呆老人」を受け入れ始めるが、在宅介護への支援は依然として極めて手薄な状況にあった。(4)

そんな中、先進的な在宅看護を行ってきた大沼和加子と佐藤陽子は、一九八〇年代に出会った次のような事例を挙げている（大沼・佐藤 1989: 72-76）。失禁が多い上、「家に帰る」と自宅を抜け出し、激しく徘徊する男性がいた。彼を一人で在宅介護していた義娘は、パートに出かけるときなどは「申し訳ないと思うけど」部屋の外からカギをかけ、彼を閉じ込めてしまう。尿が染みるのを防ぐために「プラスチックの厚い板」を床中に敷いた部屋は、「冷たく氷のよう」で、まるで檻だった。そうした環境で、彼は肺炎にかかり、大沼らがかかわりをもってから三ヶ月程度で他界してしまう。「こんなことにならないように何か方法があったのではないか」と、専門職や家族が悩んでも、この時代は手の打ちようがなかったのだ。

また運良く医療的支援が受けられたとしても、一九六〇年代から九〇年代にかけて、認知症患者は治療不可能な存在として扱われるのが標準的であった。そのため、その処遇は身体拘束や投薬に偏っていた。

例えば大熊一夫は一九七〇年、アルコール依存症を装って精神病院に入院し、ルポルタージュを残した。その中には、「痴呆老人」たちが、「不潔部屋」と呼ばれる八畳間に閉じ込められている様子が記録されている。そこは鉄柵で檻のように囲われ暖房もなく、部屋の隅には「便所」(という名の穴)が空いている。彼らは投薬によって様ざまな症状が抑え込まれる一方で表情も失っており、患者の一人が用を足している横で、別の患者はその穴から水を汲んで飲んでいたという(大熊[1973]2013)。大熊は他にも、一九八〇年代の老人病院で、認知症患者の「不眠」「徘徊」などを理由とした身体拘束が横行していることを告発している。大熊は、ベッドの柵にタオルなどで縛り付けられる患者の姿を「磔刑」、そうした処遇を行う医療機関を「現代の姥捨山」と、厳しく指摘した(大熊[1988]1992)。

ただし、こうした認知症ケアを取り巻く状況は、徐々に社会問題化していくことになる。大熊由紀子はその重要なポイントとして、一九八〇年、介護家族である高見国生と老年精神科医の三宅貴夫らが協働し、「呆け老人をかかえる家族の会」を結成したことを挙げる(大熊 2010)。同会が結成直後に発表した、認知症患者にも「寝たきり老人並みの医療と福祉を!」という提言は、当時の社会情勢を色濃く反映している(呆け老人をかかえる家族の会編 1982)。いずれにしても、介護家族や医療専門職など、多様な立場から問題提起が進んでいったのだ。

二〇〇〇年代以降の転換――「その人らしさ」への注目

そして二〇〇〇年代に入り、「現代の姥捨山」と厳しく批判されてきた医療の論理が、大きな転換を迎える。これは、世界的に進行した転換とほぼ一致しており、例えば認知症患者の「その人らしさ（personhood）」をキーワードにした「パーソンセンタードケア」の議論がイギリスで初めて出版されたのが一九九七年、邦訳されたのが二〇〇五年であった。認知症患者の「その人らしさ」すなわち「関係や社会的存在の文脈の中で、他人からひとりの人間に与えられる立場や地位」（Kitwood 1997=2005: 20）を保つケアを目指す議論は、それまでの「ケアにおける医療モデルに挑戦」（Innes 2009: 11）する過程で、国際的なインパクトを与えていた。それだけでなく日本でも、室伏君士、竹中星郎、小澤勲といった精神科医らが積極的に議論を喚起し、それが広く普及していくことになる。ここでは、小澤勲が「痴呆ケア」すなわち現在の「認知症ケア」の「基本視点」として記した内容を引用しよう。

> まず、病を病として正確に見定めることである。そのためには、痴呆という障害のありようを明らかにし、暮らしのなかで彼らが抱えている不自由を知らねばならない。そして、できないことは要求せず、できるはずのことは奪わない、というかかわりが必要になる。これは客観的、医学的、ケア学的に理に適《かな》ったケアを届けるという課題である。
>
> しかし、痴呆ケアは、これだけでは足りない。痴呆を生きる一人ひとりのこころに寄り添うような、また一人ひとりの人生が透けて見えるようなかかわりが求められる。そのために、現在の暮らしぶりを知り、彼らが生きてきた軌跡を折りにふれて語っていただけるようなかかわりをつくりたいと考えてきた。
>
> この二つの視点を統合することが、痴呆ケアの基本である。前者の視点にかたよるとこころないケアにな

る。後者の視点にかたよると、思いこみだけのケアに陥り、ときには身体の重大な変化を見落とすようなミスを犯す。（小澤 2003：195）

医療関係者たちが、「その人らしさ」や個人の「人生」に配慮したモデルづくりを試み始めた。そこには、患者を画一的に治療不可能な存在として扱い、投薬や身体拘束に頼って、患者とのコミュニケーションを怠ってきた、医療への批判が込められている。そして重要なのは、こうした議論が実際の病院や介護施設での、実践報告を伴っていたことだ。つまり、こうした新しい考えのもと、患者の症状が改善したという事例が、次々と公刊されたのだ。例えば医師・吉岡充と看護師・田中とも江らは「縛らない看護」を掲げ、「抑制の廃止を身をもって実践していくこと」を記録し、提言する（吉岡・田中編 1999）。こうして、患者の症状をつくりだしてしまっていたのは、実は医療専門職たちの対応であったという反省が、二〇〇〇年代以降蓄積されていく。

こうした議論は、政策的な変化に結びついていく。例えば二〇〇一年、厚生労働省は『身体拘束ゼロへの手引き――高齢者ケアにかかわるすべての人に』と題した対策を発表する。その前年は、いわゆる「介護の社会化」政策の代表である介護保険制度がスタートした年である。介護保険は、家族介護を「日本の美風」などと捉えていた社会通念に、風穴を開けた制度だと評価される（大熊 2010）。これに加えて、厚生労働省の研究班は、認知症患者の「尊厳を支える」ケアを、今後の高齢者ケアの「標準モデル」とする提言をまとめ、その後の政策に大きな影響を与えた（高齢者介護研究会 2003）。認知症ケアに関する政策目標が、大きく変化したのだ。

用語変更に込められたもの

さらに二〇〇四年一二月には、「痴呆」という用語が「認知症」へと変更されることが決まった。二〇〇四年、東京、仙台、大府の高齢者介護研究・支援センター長は「痴呆」の名称変更を厚労省に意見具申し、厚労省は六月に検討会を発足させた。そこでは、「痴呆」という言葉の問題点が、「⑴侮蔑感を感じさせる表現であること」「⑵痴呆の実態を正確に表していないこと」「⑶早期発見・早期診断等の取り組みの支障になること」の三点から検討された。

ここで注目したいのは二つ目の論点だ。検討会報告書には、次のようにある。

> 痴呆について、一般に、「痴呆になると何もわからなくなってしまう」というイメージで捉えられる場合があるが、近年、国内外で痴呆の当事者が自らの体験や気持ちを発言され始めており、こうしたイメージが全くの誤りであることが明らかになってきた。
> （「痴呆」に替わる用語に関する検討会 2004）

つまり、認知症になると患者は「何もわからなくなってしまう」というかつてのイメージは誤りであると、公に宣言されたのだ。それは、患者のその人らしさや人生を尊重しようという、二〇〇〇年代以降の議論の前提だった。本書では、この二〇〇四年以前の文献において「痴呆」と記されている場合は、「痴呆」と「認知症」とを互換的に用いている。しかし、この名称変更に、こうした患者イメージの転換が込められていたことは、明記しておこう。

「寝たきり老人並みの医療と福祉を！」という介護家族の提言から二〇年余りが経過し、今や高齢者政策の中心に、認知症ケアが据えられることになった。そしてそのケアの内容も、身体拘束や投薬偏重ではなく、患者の「尊厳を支える」ことが目指される。

こうして二〇〇〇年代に入り、認知症ケアは新しくなったのだ。

3　医療社会学の視点

この認知症に、医療や介護、あるいは社会保障政策とは別の視点から注目してきた研究領域に、医療社会学と呼ばれる分野がある。

医療社会学はこの認知症に対し、一九八〇年代以降、本格的に注目していく。例えばパトリック・フォックスは、一九七〇年代のアメリカ合衆国における議論を分析し、医学において、「老化」と「認知症」が概念的に区別されるようになったことの重要性を強調する（Fox 1989）。これにより、それまでは「単なる老化」で片づけられていた状況が、「認知症」として医療の管轄下に置かれることになる。[5] いわゆる「認知症の医療化」の指摘だ。[6]

この過程は一九七〇年代に急速に進み、特にアルツハイマー型認知症は「世紀の疾患（disease of the century）」とまで呼ばれることになる。たしかに「アルツハイマー病」の項目は、一九一〇年に初めて精神医学の教科書に掲載された。しかしこの段階では、「老化」と「認知症」は明確に区別されない、漠然とした理解となっていた。[7] それが一九七〇年代、認知症は誰もがたどりうるライフコース（老化）から明確に区別され、疾患として再定義された。認知症とただの老化とは違うという区別を、今や私たちは当たり前のこととして受け入れている。しかしその概念的区別は、誕生してから まだ半世紀も経過していないのだ。[8]

「障害を巡る予言の自己成就」への批判——一九八〇年代の蓄積

こうして認知症への医療のかかわりが本格化する一九八〇年代、医療社会学は医療モデル批判というべき批判的な分析を展開してきた。カレン・ライマンの「高齢者の幼児化（Infantilization of Elders）」批判を例に挙げよう（Lyman 1988）。一九八〇年代当時の「先進的な」介護施設では、職員が幼児言葉を使い、人形や子ども向けの絵本が利用者に提供されていた。その背景には、「アルツハイマー病を患った高齢者は、亡くなるまで退行し続け、子どもに返っていく」という当時の医学的な理解がある、と彼女は指摘する。

こうした子ども扱いに、利用者たちはしばしば反発するのだが、そうして「不確かな状況に陥ったとき、職員たちは医療的なラベリングに頼る」（Lyman 1988: 76）。つまり、高齢者の振る舞いが、ことさらに認知症の症状のせいだ、と解釈されてしまうのだ。当時の職員にとって、「（利用者と職員の）相互行為が何らかの形で混乱したり、意味が不確かなものになったりしたとき、患者の行為を、言語や人種の違いに起因するもの、あるいは正当な怒りの表明だと考えるよりも、病気のせいにしてしまう方が簡単なのだ」（Lyman 1988: 77）。「介護現場における医療モデル（The medical model of day care）」が、介護者の都合による一方的な介護を可能にしている、というわけだ。[9]

一九八〇年代以降にみられる、こうした医療モデル批判は、いわゆる「専門職支配」（Freidson

1970=1992）への批判と理解できる。認知症が急速に医療化されるなかで、その医療モデルを学んだ人びと（医師や介護スタッフ）の「社会的反応」こそが、患者の症状とされるもの（混乱や反発）をむしろつくりだしていると、議論が展開されたのだ。

こうした医療モデル批判は、「障害（impairment）を巡る予言の自己成就」という議論に集約できる（Lyman 1989: 599）。これは、ライマンが（特にアルツハイマー型）認知症を巡って生じている事態を指して用いた表現だ。例えば「介護負担」を測定する場面で「忘れっぽさ」が特に取り上げられる（Gubrium & Lynott 1987）。あるいは、「女性用のシャワー室に男性入居者が入ってきた」という介護施設内のトラブルが（「嫌がらせ」などではなく）「認知症」の症状（進行）と結びつけて理解される（Gubrium 1991）。これらの研究は、誰かにいったん「アルツハイマー型認知症といったラベルが付与されると、通常の行為でさえ疾病（disease）の段階として解釈されることになる」ことを批判していたのだ（Lyman 1989: 599）。

重要なのはこうした批判的議論から、認知症患者を個人として尊重すべきだ、という実践的な提言が生まれてきたことだ。例えば、一九九〇年代に日本の介護現場を調査し、先駆的な認知症研究を行った天田城介は、「高齢者の個別性を徹底して重視すること」を含むいくつかの提言を行った（天田［2003］2010: 549）。天田は、認知症ケアにおいて「ある固有名を持った人間が存在してきたこと、いまここに現に・共に在るという視点から一言一句、一挙手一投足が為されなければならない」と強調した。「医療モデル」に欠けているのは「個人の尊重」だ、という論点は、医療社会学が繰り返し主張してきたものだった。

「新しい認知症ケア」――二〇〇〇年代以降を捉える視点

ところが二〇〇〇年代に入り、こうして医療社会学が批判してきた医療の論理自体が、変化する。2節で例に挙げたキットウッドの「パーソンセンタードケア」、あるいは「（患者）一人ひとりの人生が透けて見えるようなかかわり」を重視する小澤の議論を思い出してもらいたい。医療専門職たち自身が、「何もわからなくなってしまう」という患者イメージを反省し、自分たちの対応こそが症状をつくりだしていたと、大きな方針転換を図ったのだ。今や医療専門職が、患者個々人の「尊厳を支える」という方針こそ、「理にかなった認知症ケア」だと主張している。[10]

こうした転換が行われている二〇〇〇年代以降を、井口高志は「新しい認知症ケア時代」と呼ぶ（井口 2007）。今や認知症は、単なる「脳の器質性疾患」の問題ではなく、介護者たちが個々の患者に適切なかかわりや適切な環境を提供できないという、いわば「コミュニケーション」の問題と捉えられるようになった（井口 2005）。

ここで、二〇〇〇年代以降を「新しい認知症ケア時代」と捉える議論が、規範レベルでの変化に焦点を絞っていることに、注意したい。2節でも触れたように、少なくとも一九八〇年代以降、家族会や在宅看護の取り組みなどを通じ、「現代の姥捨山」とさえいわれた当時の認知症ケアを修正していく試みは、様ざまな水準で続いていた。前述の小澤が、京都府立洛南病院で老人病棟勤務を始めたのが一九八〇年代、また、「呆け老人をかかえる家族の会」の相談医を務めた早川一光は、「ボケを看つめて」を副題とする著書を一九七九年には出版している（早川 1979）。介護者と患者間の「コミュニケーション」を重視し、二〇〇〇年代以降の認知症ケアにつながるような先駆的実践は、当然それ以前にも見られた。

井口が「新しい認知症ケア時代」として強調するのは、そうした考え方が今や先駆的ではなく、標準的となったことだ。春日キスヨはこうした事態を、認知症ケアの「パラダイム転換」と評価する（春日 2002）。例えば「呆け老人をかかえる家族の会」の副代表を務めた医師・三宅貴夫は、当時の「ふつうの医師と違っていた」（大熊 2010: 42）と評価される。しかし今や、そうした先駆的な患者個々人の尊厳を支える実践は、政策に反映され、痴呆から認知症への用語変更の下地をつくり、専門職や家族向けテキストの土台となっている。一九八〇年当時の「ふつう」と違う取り組みは、二〇一九年現在の基準（ふつう）として参照されている。

何が良いケアで、何が悪いケアなのか。認知症を巡るこの規範レベルでの変化に注目する視点は、先行研究から本書が引き継ぐ重要な論点だ。

4　介護が抱える問題と社会学が抱える問題

重なり合う問題

この新しい認知症ケア時代において、私たちは新たな問題に直面していると考えられる。介護と、その介護を分析しようとする社会学的研究の二つの水準から、説明しよう。

まず、介護における新たな問題について。新しい認知症ケアは、個人を尊重する「より良い考え方」のはずだ。しかし、そのもとで良かれと思って介護したとしても、これまでとは別の問題が生じる。新しい認知症ケア時代に生きる人びとは、どれだけ症状が進行しても、認知症患者それぞれの個人を尊重した「はたらきかけ」が大切だと知っている。[11] だからこそ相手を尊重しようと、いわば良かれと思って様ざまなはたらきかけをする。ところがその結果、患者の反応が乏しくて気持ちがわからない、意思確認が難しくてどうしたら良いかわからない、といった状況に陥る。こうした問題を、かつてのように、介護者の一方的な介護によって生じているものと同一視することはできない。むしろ、介護者が認知症を患った高齢者のその人らしさをできるだけ尊重しようとするからこそ、生じる問題だと指摘できる。

さらに、こうして認知症介護で生じる新たな問題を分析しようとするとき、社会学はある困難に直面する。今までの分析枠組みであれば、介護現場の「医療モデル」を批判し、「個人の尊重」を促すことで、一つの結論が得られただろう。しかし、新しい認知症ケア時代に生きる私たちは、「医療モデル」と「個人の尊重」を簡単に対置することはできない。なぜなら、今や「医療モデル」こそが、「個人の尊重」を求めているともいえるからだ。つまり社会学には、これまでとは別の切り口が求められている。

強調したいのは、ここで「介護が抱える問題」「社会学が抱える問題」として整理したものが、重なり合っているということだ。介護者は、認知症を患った高齢者のその人らしさをできるだけ尊重しようとするからこそ、新たな問題に直面している。そのために社会学者は、「個人の尊重」を促すという従来型の分析に留まることは、できないのだ。

「概念分析」という切り口

そこで本書は、「概念分析」のアプローチに則って分析を進める（酒井・浦野・前田・中村編 2009、酒井・浦野・前田・中村・小宮編 2016）。この概念分析を、社会学の古くからある分類に沿って、簡単に説明しよう。このアプローチは、研究者の側が操作的な概念や定義を導入して調査や分析をするのではなく、調査協力者たちがある概念を実際にどのように用いているのか、その概念を参照することでどんな相互行為が起こるのかに注目する立場である。(12) 先ほど見たように、認知症は専門的概念として、医療専門職たちの議論の的となってきた。しかし一方で、それは私たちの日常生活に入り込み、普段使用している概念でもある。前田泰樹が述べるように、「人間を対象とする諸科学」における概念は、「私たちの経験や行為の理解の仕方を変えてしまう」力をもっている（前田 2009: 3）。

先に述べた通り、「認知症」という用語は、二〇〇四年一二月に「痴呆」に代わって導入された。小澤も述べる通り、これには「言葉狩りに過ぎない」という批判もあった。しかし、それでも用語変更に賛同した理由を、「誤解を受けることの多い認知症に対する正確な情報を世に伝える好機になると判断したから」とする（小澤 2005: i）。ここで問題は、単なる「言葉」の問題としては捉えられていない。その言葉の変化を通じて、患者に対する「誤解」を解くことが重要なのだ。例えば小澤は、用語変更を踏まえた著書を、「認知症をかかえる当事者の体験を踏まえ、心に添ったケアに転換するターニングポイント」で、「少しでもその方向を進めるのにお役に立てれば」と出版している（小澤 2005: 196）。認知症という概念を通じて、文字通り「私たちの経験や行為の理解の仕方を変えてしまう」ことが試みられていたのだ。

そこで本書では、何らかの形で認知症について学んだ家族が、どのように自分たちの経験や行為を理解するかに沿って、分析を進めていく。例えば家族は、高齢者が認知症ではないかと「気づき」、診断後は相手の能力を眠らせないように「はたらきかける」。一方で、自分（たち）の介護は正しいのだろうかと「悩みを抱え、相談する」。さらに、介護にかかわる他のアクターたちに対して（認知症のことをわかっていないと）「憤る」。こうした介護家族たちの経験は、その人らしさの尊重を求める認知症概念のもとで開かれた、新しい「経験や行為の理解」だといえるからだ。

この概念分析については、1章「認知症の概念分析へ」で、あらためて詳述する。ここでは、本書が「医療モデル」と「個人の尊重」を二項対立的に捉えないことを強調しよう。概念分析を掲げることで、「端的に認知症というカテゴリーが強調される「新しい認知症ケア時代」において、疾患であることも本人の「思い」に配慮することの重要性も共に含みこんだ認知症という概念が、相互行為に何をもたらすかということを検討」したいのだ(13)。

5　患者の人生

以降、本書の分析で、共通して用いるキーワードがある。先に引用した小澤の一文、「一人ひとりの人生が透けて見えるようなかかわり」にある、「人生」という言葉だ。

新しい認知症ケアの理念を代表する著作を紐解くと、ある共通した傾向が指摘できる。それは、認知症を発症する以前の生活の様子を参照して、患者の介護を組み立てようと試みている点だ。例えばキットウッドは、患者が「その人らしさ」を保つためには、介護者が「(患者) 個々人それぞれのライフヒストリーを、かなり詳しく知ること」が第一に重要だと指摘している(Kitwood 1997=2005: 146)[14]。小澤自身は別の著書で、「(患者) その人の人柄、生きてきた軌跡、暮らしの状況、周囲の人の考え方、かかわりのあり様」を知ることの重要性を強調している(小澤編 2006: 241)。また、認知症患者の終末期医療においても、介護者には患者の「ライフヒストリーの軌跡」をたどり、何が最善かを探ることが求められている(Hughes & Baldwin 2006)[15]。

つまり新しい認知症ケア時代において、介護者には、患者それぞれのライフヒストリーを構築することが求められているのだ。かつて井上俊は、社会学におけるライフヒストリー研究の意義を、「私たちの人生そのもの、あるいは経験そのものが物語として構成される」、その過程を描くことに求めた(井上 1996: 20)。しかしそうして「人生そのもの」を構築することは、社会学者にだけ求められるのではない。認知症ケアの場合は、介護者がより良い介護を目指す上で、認知症患者という他者のライフヒストリーを構築することが、求められるのだ。

そこで本書では、「ライフヒストリー」という専門用語ではなく、あえて「人生」という日常語をキーワードとして用いたいと思う。次章で論じるように、このように患者の人生を重要視するからこそ、介護家族の日常的な知識が求められるという事態が、新しい認知症ケア時代には生じている。

しかし本書が人生というキーワードを用いて論じたいのは、介護家族が患者の人生を知りうる立場として、介護のヒエラルキーの頂点に立つ、ということではない。むしろ介護家族は、患者との相互行為を通じ、「自分は相手のことを本当に知っていたのか」という反省を、自分自身に対して行うことになる。哲学者のイアン・ハッキングはかつて、「過去の不確定性」という議論を展開した（Hacking 1995=1998, 1999=2006）。介護家族は患者へのはたらきかけを続ける中で、自分たちが相手にとっていかなる「道づれ」（Plath 1980=1985）だったのか、確かめていくことになる。

本書は、個別の家庭から家族会といったグループまで、様ざまな事例を検討する。つまり、個別の（particular）事例の積み重ねである。その本書の知見を、過剰に一般化するつもりはない。しかしこれらの事例は、新しい認知症ケア時代の介護家族の経験を巡る、非常に特徴的な（particular）事例でもある。本書は、この「個別の／特徴的な事例（particular case）」にこだわりつつ、横断的にまとめるという方針をとる。(16)

1章

認知症の概念分析へ

本書が問うもの

家族会IVの本棚

調査中、介護家族から「これは良い本だよ」と薦められ、認知症関係の本を購入したことが度々あった。その内容は、一九八〇年代に出版された古典的なものから二〇一〇年代に出版された最新のものまで、そして介護家族の体験談から医師による専門書まで、非常に幅広い。ある家族会の事務所に行くと、そうした本がズラッと並んでいて、驚かされた。

また彼らは、専門家の言うことなら何でも鵜呑みにするわけではなかった。例えばある家族会のつどいでは、「認知症にはこんな栄養素が効く」と（自説を）講演した医師に、介護家族たちから「そんな話聞いたことがない」と批判が集まる場面にも出くわした。

私の調査に協力してくれた介護家族は、様ざまな形で認知症に関する知識を学び続けていた。だからこそ、自らの介護のあり方を振り返って反省し、将来はどうしようかと悩んでいた。

確かに、家族の立場で介護している人の全てが、それほど熱心に勉強したり、あるいは反省し続けたりしているわけではないかもしれない。

しかし、こんな風に真面目で、反省し続ける介護家族の存在は、これまでの研究の中で描かれてこなかったのではないか。そしてそんな彼らの姿にこそ、新しい認知症ケア時代の特徴が見られるのではないか。

本章では、序章で整理した認知症介護を取り巻く現状、そして社会学的な研究の動向を前提に、本書が取り組む課題、つまり問いを明確にしていこう。その上で、認知症の概念分析が家族が介護を担うメカニズムを知るために重要なのだと示すことが、本章の目的だ。

1　家族はなぜ介護を担うのか

二〇〇〇年の介護保険制度導入は、家族介護を「日本の美風」と捉える社会通念に対抗し、「介護の社会化」を掲げた（大熊 2010）。しかし序章でも指摘した通り、介護が必要な高齢者の五八・七％が、今なお同居する家族のケアを受けている。そしてその中には、数多くの認知症家族介護が含まれている。

それでは、家族はなぜ、認知症患者の介護を担うのか。他の疾患にはないような、何か独特のメカニズムがあるのではないだろうか。

家族の「ケア責任」

先行研究においても、高齢者介護一般において、なぜ家族は介護を担うのか、分析がなされてきた。そしてその過程で、遺産、介護保険制度、家族規範といった要素が注目された。例えば阿部真大は、相続を親子間での介護契約として活用し、子ども世代が老親介護にかけた負担を相続で「清算」するような、一種の「戦略的な財産管理」の側面があると指摘した（阿部 2004, 2008）。あるいは森川美絵は、日本では、誰かが家族を「ケアしない権利」が想定されておらず、「ケアを代替・分有する資源」も乏しければ、そうした資源に「アクセス」する制度も整っていないという、介護の社会化における問題を指摘した（森川 2008）[1]。あるいは、どれだけ制度を整備し、介護の社会化を進めても、「家族介護は良いもの（最善）だ」という「家族介護規範」のもと、家族介護が選ばれる場合もある（上野 2011: 105-133）。春日キスヨは、介護を家族の「愛情」とみなすような家族規範は、今なお根強いのではないか、とも指摘する（春日 2001）。こうした議論は、介護保険制度を十分に利用していない（利用できない）ケースを想定し、その要因を探るという論理構成をとっていた。

一方、上野千鶴子は、介護の社会化が進み、介護保険制度を最大限に利用している場合でも、家族に重要な責任がついて回ることを指摘していた。介護保険制度では、要介護者本人の自己決定と自己選択が原則である。しかしその中でも、しばしば家族が、要介護者にとって何が適切なケアか、要介護者が今何を望んでいるかを判断している。上野はこれを、家族の「ケア責任」と呼ぶ。

「ケア責任」という概念を導入するなら、それは多くの家族介護者の「実感」にも即することだろう。ケアマネージャーを最大限活用し、サービスをほぼ一〇〇パーセント、アウトソーシングすることが可能でも、主たる家族介護者から最後までなくならないのが、このケア責任である。そのなかには、要介護者にとって何がいちばん適切かを（当事者がそれをできない場合には）代行して決定する意思決定労働が含まれる。肉体的な負担を軽減することはできても、この責任を第三者に移転することはむずかしい。家族関係のなかではこのケア責任は、代替不可能な個別的な人間関係にもとづいている。（上野 2011: 155）[2]

代替不可能な人間関係へとなっていく

以上の先行研究を踏まえ、本書では、新しい認知症ケア時代の介護において、介護家族がいったいどのように「代替不可能な人間関係」になっていくのか、そのプロセスを明らかにする。本章の４節で説明する通り、本書は介護保険制度を「最大限活用」している介護家族を例に取る。３章では介護施設を利用し、介護を「ほぼ一〇〇パーセント、アウトソーシング」した事例も取り上げる。しかしそんな中でも、介護家族は特有のケア責任を背負っている。

以降論じるように、家族は高齢者が認知症ではないかと「気づき」（２章）、いったん診断が確定すれば、相手の能力を眠らせないように「はたらきかけ」（３章）、一方で、自分たちの介護は正しいのだろうかと「悩みを抱え、相談する」（４章）。さらに、介護にかかわる他のアクターたちに対し、「認知症のことをわかっていない」と「憤る」（５章）。その過程で、介護を担う家族の立場は、家族同士のあいだで、あるいは家族と専門職とのあいだで、ときに揺らぎ、ときに強化される。認知症介護において、家族は最初から代替不可能な人間関係であるわけではない。むしろ、様ざまな相互行為の積み重ねを経て、代替不可能な存在へとなっていくのだ。

ここで、以降の議論を先取りしておく。本書が明らかにするのは、私たちが新しい認知症ケア時代にあるからこそ、家族のケア責任が強化されるという事態だ。こと認知症介護において、他の立場の人びと（介護専門職など）が、あるいは介護家族自身が、介護家族の知識を重視する場面がある。それは、私たちが「痴呆を生きる一人ひとりのこころに寄り添うような、また一人ひとりの人生が透けて見えるようなかかわり」（小澤 2003: 195）が重要だと知っているからだ。

患者がどんな生き方をしてきたか、今何を思っているかを、直接本人に確かめることは、認知症介護の場合はしばしば困難である。患者は、記憶障害や病態失認を特徴とする障害に苦しんでいる。発話が困難なこともある。そしてこのことが、認知症介護に特徴的な事態をもたらす。日々の介護を組み立てる上で、「本人に聞いてもわからなかった」あるいは「答えがなかった」では放っておけない。だからこそ私たちは、患者一人ひとりの人生を知っているはずの介護家族を頼る。あるいは介護家族たち自身も、自分たちの記憶や経験を頼る。「患者本人は何を望んでいるのか」「この人には何ができるのか」——介護家族はそういったポイントを、それまでの患者のライフヒストリーに照らし合わせて証言することになる。

義母を介護中のNは、自分たちの介護を「こっち（家族）が知識を総動員する」過程だと評した（Field note 2013.12.4）。患者の人生を基準にするからこそ、介護者が自分たちの知識を総動員しなければならない。この一見矛盾した論理こそ、新しい認知症ケア時代における特徴的な事態といえるだろう。

介護家族の知識への注目

本書は、徹底して知識に注目した議論を進める。これは、先行研究が法律や制度、あるいは家族規範に注目してきたことと対比される。なぜ、家族は認知症患者の介護を担うのか。本書の結論を一言で表せば、それは相手が認知症だからなのだ。もちろん、認知症を巡る専門的議論が、家族介護は良いものだと言ってきたわけではない。しかし、患者個人の尊重を求める新しい認知症ケア時代という背景の下、認知症概念について知識を得た家族は、患者の人生について知りうる、いわば代替不可能な存在として位置づけられる。そんな中で彼らは、自ら積極的に、より良い介護を探求するようになってしまう。

本書はこのように、認知症概念という専門的な知識と、患者の人生というわば日常的な知識を巡る問題が交差する独特の領域として、認知症家族介護を捉えている。認知症という概念が私たちの日常生活に入り込んでくることによって、家族のケア責任が、ある側面では強化されている――それが、これから本書が明らかにしていく、新しい認知症ケア時代に起こった特徴的な事態なのだ。

2　家族はどのような規範を身に着けていくのか

井口高志は、新しい認知症ケア時代において、こうして介護家族が特に責任を背負っていく事態を、「道徳性の上昇」（井口 2007）と呼ぶ。「高齢者の個別性を徹底して重視する」（天田［2003］2010）ことに大きな価値が置かれる現在、介護家族が「相手の自己への配慮」（井口 2007: 56）をするのは、例えば「効率的な介護を達成するため」ではない。「相手〔患者本人〕をわれわれの道徳の対象として」、最重要視しなければならないのだ。井口はこう分析する。

近年の傾向は、呆けゆく者本人の意思・意図を措定して、その意思・意図を持つ自己に「人間」としての配慮を向けていくことを強調するようなものである。すなわち、呆けゆく者の自己そのものを、介護を行う

中で目的として重視しなくてはならないという意味を持ってきているのである。（井口 2007: 55–56）

ところが、道徳性の上昇という論点は、井口の中でもこれ以上は展開されなかった。[3]

認知症介護において「やってよいことと悪いこと」

ここで、道徳性の上昇を、次のように言い換えてみよう。それは、認知症患者に対して「やってよいこと」をするように特に促され、「悪いこと」は控えるよう厳しく戒められる事態である。この、「やってよいことと悪いこと」の区別という表現は、社会学で用いられてきた秩序そして規範概念を指す。[4]以降分析していくように、認知症という概念が、ある時代区分（新しい認知症ケア時代）において、ある立場（介護家族）の人びとにもたらす変化を分析する上で、やってよいことと悪いことの区別は、重要な論点となる。

序章で述べた通り、新しい認知症ケアという捉え方は、介護における規範レベルでの変化に注意を促すものだった。介護における規範の変化は、専門職の中だけで生じたのではない。認知症概念が「経験や行為の理解の仕方を変えてしまう」（前田 2009）のは、介護家族についても同様だ。

そこで本書は、認知症患者への介護を通じ、介護家族がどのような規範を身に着けていくのか、具体的な相互行為に基づいて解明していく。彼らは、どんな介護を「良い介護」と捉え、逆に何を「悪い介護」と捉えるようになるのか。この問いを通じ、本書が強調したいのは、介護家族が「文化的な判断力喪失者（cultural dope）」（Garfinkel 1967）ではないという点だ。

反省し続ける介護家族

文化的な判断力喪失者とは、ハロルド・ガーフィンケルが用いた用語で、社会規範を内面化したら、「もはやあれこれ考えることができず、それゆえ変更することもでき〔ない〕」存在を指す（中村 2007: 77）。こうしたモデルは、「専門職支配」（Freidson 1970=1992）といった議論において、しばしば前提とされてきた。ヒエラルキーの頂点にいる医療専門職が、学会内で構築した認知症概念によって、介護家族を操り人形のように振り回す。──私たちは、しばしばこうしたモデルで議論を進めがちだ。

しかし、そもそも新しい認知症ケアは、医療専門職や介護家族が、自らの実践を反省する中で生まれてきたものだった。現在の「認知症の医療モデル」は、序章で触れた「障害を巡る予言の自己成就」（Lyman 1989: 599）への戒めを織り込む形で構成されている。そして介護家族は、そうした認知症の医療モデルを、書籍やテレビ番組、セルフヘルプグループ（家族会）、介護保険制度などを通じて、それぞれに知ることができる。

以降の分析で示す通り、本書が注目するのは、認知症概念について学んだ介護家族が、患者に提供したケアに様ざまな反省を加えていることだ。「高齢者の個別性を徹底して重視」し、道徳性の上昇した状態で介護を担う家族は、「自分たちの提供した介護は良かったのか」「何か悪いはたらきかけをしてしまったのではないか」と、患者の反応を観察しながら、常に反省し続けている。その反省の対象は、医療・介護専門職にも及び、彼らはしばしば「認知症のことをわかっていない」（5章）と、介護家族から責められることになる。こうして、患者に対して何がやってよいことで、何がやって悪いことなのか、その規範が、介護者たちによって再構築されていくことになる。

3　認知症の概念分析

家族はなぜ、認知症患者の介護を担うのか、そして、介護の過程で家族はどのような規範を身に着けていくのか――本書はこうして、解明すべき二つの問いを立てた。

これらの問いを解明するために重要なのは、認知症概念と人びとの経験との関係をどう考えるか、である。家族介護者や医療・介護専門職は、認知症患者にどう向き合うべきか、様ざまな知識を学び、それぞれのやり方で反省している。ならば社会学者は、社会規範を内面化し、「もはやあれこれ考えることができず、それゆえ変更することもでき〔ない〕」、すなわち文化的な判断力喪失者として、家族介護者や専門職をみなさないことが重要になる。これは、認知症概念の「相対化」を試みる「仮面はがし（unmasking）」（Hacking 1999=2006）型の社会学とは、別の道を進むことになる。(5)

本書が則っているのは、概念分析の手法だ（酒井・浦野・前田・中村編 2009、酒井・浦野・前田・中村・小宮編 2016）。酒井泰斗らは、哲学者イアン・ハッキングの議論を踏まえ、社会学的分析を新たに発展させる上で「必要となるのは概念分析である」（浦野 2009: iv）と主張している。そこでまず、ハッキングが何に注目して議論を展開したのか、その論旨を紹介しよう。

ハッキングと概念分析

ハッキングは、児童虐待や自閉症スペクトラムなどを例に、「人間の種類」すなわち人間を対象とした専門的な概念には、ある特徴が見られると指摘する。「人々は、自分自身についてあれこれ考え、自分自身を一定の概念に当てはめる」（Hacking 1999=2006: 73）。さらに、「人々は、自分たちがいかに分類されているかを自覚するようになり、それに合わせて、自らの行為を変えていくのである」（Hacking 1999=2006: 74）。児童虐待が社会問題化する中で、自分は子ども時代に、虐待被害を受けていたのではないかと疑った人びとが、大人になってからカウンセリングを受けること、さらには自分の親は虐待者だったなどと過去を遡及的に意味づけ直すことは、そうした分類と行為の連鎖の一例だ。

これに対し、自然科学における概念はどうであろうか。クォークを例にとれば、「クォークは自分たちがクォークであるという自覚をもたないし、また、クォークだと分類されただけで、何らかの影響をこうむったりしない」（Hacking 1999=2006: 74）。このように、人間を分類する専門的な概念には、人びとに様ざまな行為の連鎖をもたらす力があることに、ハッキングは注意を促す。

さらにハッキングは、ある概念を意識して行為を変化させるのは、分類される当人とは限らないことも、強調している。彼は、障害などを理由に「自分がどのように分類されているかを理解することができない」とされている人びとを、「接近不可能な類（Inaccessible kinds）」と呼んだ（Hacking 1996）。仮に本人が「自分がどのように分類されているかを理解することができない」とされる場合でも、患者本人ではなく、「より広い範囲の一団の人びと（a larger human unit）」が、その分類を意識し、特徴的な行為をすることになる。その典型例として彼は、「自閉症（autism）」と診断された子どもたちを挙げている。一九三〇年代から六〇年代なら、冷蔵庫のように冷たい母親から生まれた愚か者という烙印（スティグマ）を押されていた子どもたちが、今や、障害によって困りごとを抱えているが、周囲からの支援次第で能力を発揮できる子どもたちとみなされている。専門的な理論の変化は、不当な烙印から子どもたちを解放しただけではない。それは、彼らを取り巻く支援者たち（親や専門職）のあいだで、新たなファシリテートのあり方を検討させることになった(6)。

このようにハッキングは、ある概念と人びととの間の「相互作用」が、一定の「マトリックス」の中でどのように起こっているのかに、注目する（Hacking 1999=2006: 23）。ここでいう「マトリックス」とはすなわち、「社会的な状況」や「物質的な要素」を指す。具体的には、委員会や学校といった「組織」、あるいはソーシャルワーカーや弁護士といった「専門職」が挙げられる。「観念は何もない真空の中に存在しているわけではない」。だからこそ、ある概念をめぐる歴史的文脈や社会的背景を踏まえた分析が必要だと、彼は指摘したのだ。

「概念分析の社会学」へ

酒井らはこのハッキングの議論に、知識社会学とエスノメソドロジーという、社会学の二つの流れを発展させる重要な契機を見出した。ハッキングは、社会的な実践を、人々が実際に用いている概念を手がかりに、論じようと試みた。このように、人びとが実際に用いている概念と人びととの実践への注目は、社会学にとってなじみ深い、いわば社会学ならではの視点であった。そこで酒井らは、このハッキングの議論を手がかりにいくつものテーマを分析し、それを「概念分析の社会学」と題された二つの論集へとまとめあげた（酒井他編 2009, 2016）。

それでは社会学における概念分析は、人びとの実践の何を解明することができるのか。前田泰樹は、次のように解説する。「新しい概念は、私たちの経験や行為の理解の仕方を変えてしまうこと」がある。そうした、何らかの概念が私たちの生活に入り込むことで、「新しい選択肢が選択可能になり、行為のための新しい機会が人々に開かれていく」ことになる。概念分析とは、「このような新しい概念の使用可能性と、私たちの経験や行為の可能性とが、結びついていく現象」を分析するものだ（前田 2009: 3–4）。

ここで重要なのは、「新しい概念」が「私たちの経験や行為の理解の仕方」を変化させるプロセスは、具体的な事例からしか解明できないという点だ。それは、社会調査によって積みあげられた経験的データによって、初めて可能になる。酒井らが重点を置いたのも、その事例の具体性である。彼らは、論集の一冊目で「化粧」（素肌）から「優生学」まで、また二冊目でも「柔道」から「生殖補助医療」まで、きわめて多様なテーマを分析の対象とした。しかし、インタビューデータやテキストデータ（WEB上の掲示板や雑誌記事など）など、具体的な事例に基づいて議論を展開するという方針は、一貫している(7)。

そして、認知症の概念分析へ

この概念分析こそ、認知症の社会学を展開する上で求められるというのが、私の考えだ。ここで、序章で述べた本書の注目点を踏まえつつ、議論を整理したい。

認知症という概念は、新しい認知症ケア時代に、新しい意味づけをもった。それは私たちに、相手の症状を単なる「脳の器質性疾患」の問題ではなく、介護者と患者間の「コミュニケーション」の問題と捉えるように促す（井口 2005）。

この認知症概念が私たちの生活に入り込むことで、患者の振る舞いの理解の仕方が変わった。それまで患者たちの「問題行動」とされていた振る舞い（妄想、徘徊など）は、むしろ周囲の「環境（システム）」が生み出していたのだと、いわば発想の「大逆転」がなされていく（和田 2003）。だからこそ、例えば病院に勤務する医師や看護師たちは、患者を「抑制しない」、つまりベッドに「縛らない」ことを重要な目標として掲げるようになる（吉岡・田中編 1999）。診療所の医師は、「認知症の人のこころ」から患者たちの「喜怒哀楽」を読み解くことに意味を見出す（松本編 2010）。介護福祉士たちは、患者のそれまでの「生活」の延長として、例えば皆で買い物をし、調理をすることを試みる（和田 2003）。

そして、そうした実践の蓄積が、認知症という病の理解をさらに変えていく。今や認知症患者は、「何もできない人」「何もわからない人」とはみなされない。「そのこころを尊重し、環境さえ周囲の介護者が整えれば、主体的な生活が送れる人」となった。「縛る」などもっての外なのだ。序章でも述べた通り、小澤勲は「痴呆」から「認知症」への用語変更に、「誤解を受けることの多い認知症に対する正確な情報を世に伝える好機になると判断したから」という理由で賛同した（小澤 2005: i）。この表現に則るならば、新しい認知症ケア時代に起きたのは、何が認知症に関する「正確な情報」で何が「誤解」なのか、それ自体の変化だった。

先に述べた通り、概念分析は、何らかの概念が私たちの生活に入り込むことで、「新しい選択肢が選択可能になり、行為のための新しい機会が人々に開かれていく」、そのプロセスを分析するものだ。

そして認知症概念を巡って、特に二〇〇〇年代以降の新しい認知症ケア時代に生じたのは、こうして人びとが「新しい選択肢」「新しい機会」を獲得する現象であった。だからこそ、それまでは異端視されていた認知症ケアのあり方が「目指すべき介護」にすらなったのだ。

認知症という、人間を対象とした専門的な概念が、新しく私たちの生活に入り込んできた。その概念を、それが当てはめられる当人たち（患者たち）がどこまで意識しているかは、定かでないこともある。しかし、仮に当人たちが意識していなくても、周囲の人びとはその新たな分類を意識し、特徴的な振る舞いをしていくようになる。そしてその過程で、人びとは新たな悩みを抱えていく。新しい認知症ケア時代に起こっているのは、認知症概念を中心とした、こうした様ざまな経験や行為の連鎖である。

だとすれば、社会学者に今求められるのは、認知症という「新しい概念の使用可能性と、私たちの経験や行為の可能性とが、結びついていく現象」を分析することだろう。そしてそれこそ、「認知症の概念分析」なのだ(8)。

介護家族の経験や行為の可能性への注目

ところで、認知症介護にまつわる「私たちの経験や行為の可能性」に注目すると言っても、全ての人びとを「私たち」とひとくくりにはできない。介護においてどんな経験をするか。その可能性は「私たち」が患者とどのような関係にあるかによって、大きく異なる(9)。もちろん、介護福祉士、医師や看護師といった、先に挙げた専門職の経験に注目しても、優れた「認知症の概念分析」が展開できるはずだ。

しかし、本書があらためて強調したいのは、その多様な「私たち」の経験の中でも、今だからこそ「介護家族」の経験に注目する重要性だ。序章でも述べた通り、患者一人ひとりのその人らしさを尊重することが、現在の認知症ケアの目標となる。だからこそ、介護福祉士が患者の生活歴に根ざした環境を整えようとするとき、看護師が患者の行動への対応を考えるとき、あるいは医師が患者の発症時期を特定しようとするときでさえ、患者のライフヒストリー、つまり患者の人生が重要な知識として参照される。しかし、その患者の人生に関する知識は、専門職にない。そこで家族の知識が、重要なものとして頼りにされる。家族は、こうして特徴的な形で介護にかかわり、独特のケア責任を負っていく(10)。

認知症という「新しい概念の使用可能性と、私たちの経験や行為の可能性とが、結びついていく」ことで、介護家族は非常に特徴的な経験をすることになった。2章以降の分析は、認知症に関する知識を、家族がそれぞれのやり方で学んだとき、どういう行動をとり、そこで何が問題となるのか、その連なりを分析することに焦点が絞られる。例えば、認知症について学んだ人びとが、自分の家族は認知症ではないかと疑うとき、どのような問題が生じるのか（2章）。認知症の症状がどれだけ重度になっても、なお患者にはたらきかけようとする家族は、どのような経験をするのか（3章）。あるいは、家族会で学んだ介護家族のあいだで、認知症患者に「やって良いこと／悪いこと」がどのように変化するのか（4章）。これらは全て、彼らなりのやり方で認知症に関する知識を得て、「良かれと思って」介護に生かそうとしたからこそ生じる問題だ。だからこそ、そうした苦労を「わかってくれない」という不満も生じる（5章）。

本書はこうして、認知症という「人間に関する科学的・専門的な概念が日常生活に入り込んでくるとき、そこでどのような経験の可能性が生じるのか」（酒井 2009: 71）を、特に介護家族の経験に焦点を絞りながら明らかにしていく[11]。

4　フィールドとデータ

具体的な分析に取り組む前に、前提として、本書のもとになった調査と、その調査の対象者について、説明する。

本書では、章ごとに集中的に検討する調査が異なっている。まず2章「認知症に気づく」では、実母Kを介護中のJとIの姉妹に関する調査を、3章「患者にはたらきかける」では、施設入所中のL（女性）を訪問する息子MとNの夫妻（そして孫のO）に関する調査を、また4章「悩みを抱える／相談する」では、介護家族の自助グループ「家族会」での調査を、それぞれ集中的に検討する。そのため本書では、各調査の概要は章ごとに説明する構成をとる（なお、5章で扱う事例は、それまでの章で紹介した調査に依拠しているため、説明を省略している）。

そこで本節では、こうした各調査に共通した方針について、説明する。

「真面目で、意識の高い介護家族」への調査

私が全ての調査に共通して注目したのは、認知症というラベルを貼ることが相手の可能性を不当に狭めてしまいかねないこと、すなわち「障害を巡る予言の自己成就」の危険性に、自覚的な介護者たちだ。新しい認知症ケア時代に特徴的な介護家族の経験を分析する上で、いったいどのような調査対象を選ぶべきだろうか。本書の目的に照らせば、ただ単に家族介護をやっているというだけでは、不十分だ。現在の認知症ケアにおいて、介護者と患者間のコミュニケーションの問題が重視されていることに十分自覚的で、認知症患者にやってよいことを積極的に試み、また悪いことを自ら戒めるような介護者たちを調査するのでなければ、新しい認知症ケア時代の特徴は検討できない。

そこで本書では、表1に挙げる一三人の介護家族にインタビュー調査を行った。AからH、そしてOの九人は、介護家族の自助グループ「家族会」に積極的に参加しており、情報収集や介護のアドバイスを得ることに努めていた。またIからNの四人は、家族会には参加していないものの、それぞれのやり方で認知症に関する情報収集に努めている（例えば2章で紹介するJは、ホームヘルパー一級の資格をもっており、また3章で紹介するMは、実母Lの成年後見人として権利擁護にあたっている）。なお、介護家族自身の年齢や、彼らが介護する患者たちの介護度などは、全てインタビュー時点のものを掲載している。[12]

また、家族会での参与観察も行った。私は、表2に挙げた七つの会で行われた「つどい」に参加し、それぞれにフィールドノートを作成、検討した。いずれの会も関西で活動している。

本書で検討する各事例は、こうした各介護者へのインタビュー調査や家族会での参与観察の中から、

表1　インタビュー対象者一覧

	性	年齢	既婚・未婚	患者との続柄	患者の要介護度	患者の疾患名	介護開始時期	インタビュー日
A	女性	61	既婚	娘（長女）	4	（アルツハイマー型［AD 型］）認知症	2003年	2008. 12. 10
B	女性	75	既婚	配偶者	5	（前頭側頭型）認知症	1996年	2008. 12. 10
C	女性	73	既婚	配偶者	5	認知症，パーキンソン病，脳梗塞	1991年	2008. 12. 18
D	女性	51	既婚	娘（長女）	4	（AD 型）認知症，脳梗塞，糖尿病	2008年春	2009. 01. 11
E	男性	58	既婚	配偶者	4	（AD 型）認知症	2005年春	2008. 12. 16
F	男性	80	既婚	配偶者	3	（AD 型）認知症	2002年末	2008. 12. 26
G	男性	71	既婚	配偶者	5	（AD 型）認知症	1994年	2008. 12. 27
H	男性	63	既婚	配偶者	4	（AD 型）認知症	2001年	2009. 01. 03
I	女性	52	既婚	娘（次女）	2	（AD 型）認知症	2005年夏	2010. 10. 18ほか
J	女性	58	既婚	娘（長女）	2	（AD 型）認知症	2005年夏	2010. 10. 30ほか
M	男性	50代	既婚	息子（次男）	5	（脳血管性）認知症	2004年春	2011. 1. 9ほか
N	女性	50代	既婚	息子の配偶者	5	（脳血管性）認知症	2004年春	2011. 1. 9ほか
O	男性	30代	未婚	孫	5	（脳血管性）認知症	2004年春	2011. 1. 9ほか

表2　調査対象の家族会概要

	活動範囲	参加人数	調査期間
Ⅰ	X 県 Y 市全域	20〜60人	2008年9月から2009年9月
Ⅱ	Y 市南部	10〜20人	2008年7月から10月
Ⅲ	Y 市中心部	20人程度	2009年2月から2016年3月まで
Ⅳ	X 県全域	30〜60人	2008年10月から2018年12月まで（継続中）
Ⅴ	X 県 Z 市全域	10人程度	2008年12月から2017年2月まで
Ⅵ	X 県 α 町	15人程度	2009年2月から2016年10月まで
Ⅶ	X 県 β 町	15人程度	2009年6月から2012年末まで

それぞれの介護家族が新しい認知症ケアのあり方を志向し、「より良い介護」を目指していることが読み取れるものを、選んでいる。これにより、新しい認知症ケア時代に「特徴的な事例（particular case)」を検討することが可能となる。

私は、例えば家族会などで調査報告会をするときには、こうした調査協力者たちを「真面目な介護家族」あるいは「意識の高い介護家族」という説明の仕方をしている。「意識が高い」という表現は、特に若者を巡る議論では（「過剰に前向き」などという意味で）否定的なニュアンスで使われることも多いが、私はここで肯定的な意味で用いている。言葉を補えば、真面目に認知症について学び、あるべき介護を目指す規範意識の高い介護家族たちということになるだろう。

これから検討するのは、新しい認知症ケア時代の「真面目で、意識の高い介護家族」の事例なのだということを、念頭に置きながら読み進めて欲しい。

介護保険サービスをできるだけ利用しようとする中心介護者

さらに、今回取り上げる介護家族には、その真面目さや意識の高さに加え、もう二つ特徴が指摘できる。

一つは、介護保険サービスを、それぞれのケースで最大限に活用しようと努めていることだ。もちろん、患者の要介護度には幅があるため、保険支給限度額内で利用できるサービスには差がある。またそれぞれの経済状況や家族構成次第では、支給限度額いっぱいまでサービスを利用していないケースもある。しかしながらいずれのケースも、介護に関係する専門職（ケアマネジャー、医師など）との交渉が、介護を継続する上で不可欠となっていた点は、共通する。

もう一つは、彼らが全て、いわゆる中心介護者であることだ。つまり、在宅で介護を行っていたり、あるいは患者が施設入所中であったとしても、その介護の方針を決める上でのキーパーソンであったり（実母の成年後見人であるMなど）と、ケア責任を中心になって負っているのだ。しかしながら、介護にかかわる家族は、中心介護者ばかりではない。家族内での関係性には、グラデーションがある。例えば、遠方に住んでいてたまに訪れる親類も、家族である以上、介護に関して何らかの発言権をもちうる。そのため、中心介護者である介護家族は、介護方針を巡って、彼らと交渉を行うことがある。

先に挙げた「真面目さ」や「意識の高さ」が、特に認知症の知識に関連した特徴ならば、ここに挙げた「介護保険サービスを最大限利用していること」そして「中心介護者であること」は、それぞれの介護の体制と関連した特徴だと整理できるだろう。

このように、介護家族たちが、新しい認知症ケア時代のより良い介護を志向していること、そのために（専門職や他の家族など）介護にかかわる他のアクターと積極的に交渉していることが、以降の事例を検討する上でのポイントとなる。

コラム①
「私らがずっとやってきたことだよね」

この本で取り上げる調査協力者たちを指して、私は「真面目で、意識の高い介護家族」という表現を用いている。その真面目さ、意識の高さを象徴するエピソードを紹介したい。ある家族会で副会長を務める女性と話していたときのことだ。彼女は、認知症ケアの技法として現在注目されるユマニチュードについて学んだ上で、こんな感想を漏らした。

だけど、あんなの、小澤〔勲〕先生がずっと言ってきて、私らがずっとやってきたことだよね。

こう言われたとき、ユマニチュードを「あんなの」呼ばわりするその言い方に、思わず私は大笑いしてしまった。ユマニチュードを実践している特に専門職の方にしたら、「その人はこの実践の価値をわかっていない！」と言いたくもなるかもしれない。ただ、ここでこのエピソードを紹介したのは、ユマニチュードについて議論したいからではない。

何日か経ってから、この言葉がとても印象に残っていることに、私は気がついた。そうか、彼女は、とりあえずそれをドといった新しい技法が提唱されれば、とりあえずそれを可能な限り勉強するんだな。そして、何かケアの技法が提唱されると、私たちはその新しさに注目しがちだけれど、彼女はその核に、例えば小澤勲が提唱してきた「患者のその人らしさの尊重」といった、変わらぬ共通点を見出したのだな。何より彼女は、そうして相手のその人らしさを尊重する介護をずっとやってきたという自負があるのだな――私はそんなことを、つらつらと考えていた。

彼女の言葉は、私が出会った様ざまな介護家族に共通した心性（心のあり方）を象徴している。もちろん、私の調査協力者全てが、これほどに研究熱心というわけではないだろう。しかし、その人らしさを尊重するという介護のあり方について学び、できるだけあるべき介護を目指すという、その生真面目さ、規範意識の高さは共通している。

介護家族に見られるこの真面目さや意識の高さこそ、新しい認知症ケア時代の特徴の一つなのだろう。

しかし、こうした介護が、ほんの少し前までは家族にとってはもちろん、様ざまな専門職にとっても、恐らくは想像すらできないものだったことに注意したい。例えば私の手許に、『認知症の人の歴史を学びませんか』と題された本がある。この本は、訪問看護師である宮崎和加子が、自身の経験を交えながら、認知症介護の歴史を一九七〇年代からまとめたものだ。そこには、「座敷牢」のような自宅の一室、あるいは「檻」のような精神病院に閉じ込められ、周囲から「まるで人間でなくなったような目で見られ、非人間的な扱い」を受けながら亡くなっていった、七〇年代当時の患者たちの姿がまとめられている。それが「当たり前」だった時代を振り返りながら、宮崎はこう述べる。

〔一九七〇年代の〕このひどい状況は、一看護師や一医師だけの責任ではなく、ある意味では、その当時の「平均」であり、「到達点」だったのではないでしょうか。誰もがおかしいと思いながらも、それが当たり前になり、人権感覚がマヒしてしまったり……。

（宮崎 2011：40-41）

一九八六年に生まれた私にとって、介護保険制度や新しい認知症ケアは、物心ついたときには「当たり前」に存在しているものだった。しかしそれは、かつての非人間的な認知症介護に「おかしい」と声をあげた、医療や介護の専門職、介護家族そして患者たちが、すさまじい努力をした末に至った「到達点」なのだ。

そして冒頭に紹介した、「私らがずっとやってきたことだよね」という介護家族の言葉には、その人らしさを尊重するための様ざまな実践が、自分たちにとってはあくまで「平均」的介護であると同時に、そうした介護を長く積み重ねてきて今に「到達」したという自負が、読み取れると思う。「私らがずっとやってきたことだよね」というのは、決して放言ではない。

では、これから紹介する事例は、特に真面目な人たちによる、特別な実践なのだろうか。これは読者の感想を待つしかないが、私は一方で、この本で紹介する事例は「ありふれた事例」なのだろうと捉えている。読者の周りにもし介護家族がいたら、あるいはもし自身に認知症家族介護の経験があったら、これから紹介する様ざまな事例は、「こんなこと、あるある（あったあった）」と受け止められる、いわば「あるある話」が詰まっているはずだ。

「真面目で、意識の高い介護家族」が、必ずしも珍しくないということ。言い方を変えれば、そんな人たちがごく普通に、私たちの隣で生活しているかもしれないということ。私たちは今、そうした時代を生きているのではないか。

2章

認知症に気づく

何が、なぜ「おかしい」のか

Kさん宅台所

「父が亡くなってから、ここがゴミで一杯になったんですよ」――インタビューの合間に、私はKさん宅の台所を、長女のJさんに見せてもらった。認知症と診断され、現在は家事をこなすこともないKさんだが、かつては主婦としてここに立ち、子どもたちや夫の弁当や夕食の準備、さらに夫が招いた急な客の接待に励んでいたという。なるほど、そんな働き者の主婦が夫の死後、認知症のために台所仕事もこなせなくなり、台所をゴミだらけにしてしまった。そういう悲しいエピソードの象徴がこの台所なのだな、と私は思った。

ところが、Jさんの話の展開は予想とは違った。母であるKさんにはもともとだらしないところがあり、寝坊したら、スクランブルエッグがドーンと入った「蓋を開けたら真っ黄色なお弁当」や、肉しか見えない「真っ茶色なお弁当」を持たせることもあった。客の接待も好きではなさそうだった。夫が亡くなって一人暮らしになったことで、彼女は辛かった家事負担から解放されたのではないか、とJさんは続ける。ゴミを片づけなくても誰からもとやかく言われない、いわば自分らしい暮らしが許される時間が、Kさんにようやくやって来た。その象徴が、ゴミだらけの台所だった……のかもしれない。

「いったいいつから、母は認知症だったんでしょうね」――本章ではこの問いに、繰り返し立ち戻ることになる。

1　気づきへの注目

本章では、人びとがどのようにして、この人は認知症だと気づくのかを、明らかにしたい。それは何をきっかけとし、また、それによってどういった問題が生じるのだろうか。

気づくのは誰か

ここで「この人は認知症だと気づく」という表現を用いたのは、私たちの視点を医師による「診断」という医学的なプロセスから、家族による「気づき」という日常的なプロセスへ移行させるためだ。

認知症の診断技術は近年、専門的にますます洗練され、精緻になっている。日本認知症学会が編集した『認知症テキストブック』（日本認知症学会編 2008）の、「認知症の診断」という章を紐解いてみよう。ここでは、患者に認知症の疑いをもった医師が、その症状が病的か、慢性か、器質性かを判断し、狭義の鑑別診断へと至るプロセスが、チャート式で解説されている。また「認知症の検査、評価尺度」という章を読めば、その検査過程で、長谷川式簡易知能評価スケールに代表される質問式のスクリーニング検査、CT、MRIや脳血流SPECTといった画像診断、あるいは血液や脳脊髄液の検査など、多様な技術が必要に応じて用いられていることがわかる。

しかし一方で、認知症の診断がこうした専門的技術のみで語れないことも、専門医たちは強調する。

例えば、精神科医の河野和彦は、医師向けの著書にこう記している。

認知症の発病を最初に発見できるのは、同居する人たちです。決して医師ではありません。従って、外来で家族が「おかしい、今までになかったことをした」と申し出てきた場合には、いかなる検査で異常と判定できなくても医師は「問題ありません」と言う権限は持っていません。（河野 2010: 24–25）

ここで指摘されているのは、医師が認知症の疑いをもつのに先立って、家族がこれはおかしいと気づく、その気づきに注目する重要性だ。誰かが、自分の周囲のある個人について、「おかしい、今までになかったことをした」と気づき、さらにそのおかしさを認知症の症状と結びつけて解釈し、専門外来を受診させる。その段階で初めて医師は、ある個人が認知症ではないかと疑い、専門的な診断プロセスに入る。

ここで確認したいのは、「仮に誰かが認知症を発症していたとしても、本人から自身の異変に関して訴えがあるとは限らない」という点だ。認知症の重要な特徴として、患者が自身の症状を認識できない「病態失認」が挙げられる（小澤 2005）。つまり、「物忘れを主訴にアルツハイマー病ではないかと心配して受診してくる患者」は、認知症の典型的なケースとは想定できない。「一人で来た人はほとんどデメンチア〔dementia、つまり認知症〕ではない」（福武 2014: 160）のだ。だからこそ先の河野の文章でも、家族が日常生活の中で高齢者のおかしさに気づき、認知症を疑って精神科を受診させるプロセスが、一つの典型として想定されている(1)。

専門的な診断に先立つ、日常的な推論

医師による専門的な診断の前には、ある個人を取り巻く周囲の人びとが「この人は何かおかしい」と気づき、認知症を疑うというプロセスが存在する。そのプロセスは、病院での診察という限られた時間を超えた、より広い日常に広がっている。本章が注目するのは、こうした周囲の人びとによる気づき、その中でも特に、家族による気づきだ。

ここで、家族による何かがおかしいという気づきを、専門的な診断と対比して、日常的な推論と呼ぶことにしよう。家族は、何かがおかしいと気づいたとしても、それを即座に認知症の症状と結びつけるとは限らない。むしろ、どうしてこんな振る舞いをするのかと悩む。家族は、その振る舞いの原因は何なのか、あるいは、相手をおかしいと感じる自分の見方のほうがおかしいのではないかなど、様ざまな可能性を考慮に入れながら、推論を重ねていく。そしてその推論は、相手がこれまでにどんな生活を送ってきたのか、そうした過去の日常生活に関する知識に依拠することになる。

専門的にますます洗練されているはずの認知症概念が、一方で家族による日常的な推論を不可欠としている。相手の振る舞いがおかしいかどうかを巡る判断は、特定の個人のこれまでの日常生活に関する知識に、強く依存しているのだ。

2　気づきのプロセスを問う

それでは、家族は具体的にどういったきっかけで、「何かがおかしい」と考えるようになったのか。

そのきっかけを、インタビュー記録からいくつか抜き出してみよう。Dは、母がそれまでは「難なくこなしていた町内会の会計」が上手くできなくなり、収支が合わなくなったこと（Interview 2009.1.11）。Eは、妻が「ゴミを（ゴミ捨て場以外の場所に）置いたりとか、持って帰ってきたりとか」したこと（Interview 2008.12.16）。Hは、妻が「排便の後流さなかった」こと（Interview 2009.1.3）を、それぞれに何かがおかしいと思ったきっかけとして挙げた。いずれも、確かに何かがおかしい事態だが、一方で些細な問題でもある。

　ここに列記したきっかけは一見するとバラバラだが、家族の対応は共通している。これらは当初、認知症の症状だとは思われず、見過ごされていたのだ。Dは（町内会活動だけでなく、趣味の舞踊などにも打ち込んでいたので）「母は疲れてるんじゃないかな」と、つまり「正常範囲のボケ」と捉えていた（Interview 2009.1.11）。一方Eは、同居する義母と「おかしいな」と相談はしたものの、その場はそれっきりになっていた（Interview 2008.12.16）。Hの場合は（なぜトイレの後に流さないのかと）「夫婦げんか」になったという（Interview 2009.1.3）。

　そして、もう一つ共通しているのは、相手がおかしいかどうかを巡る、家族間での判断の不一致だ。Dの場合は、自身の夫から「〔義母さんの様子は〕おかしいと思うよ」と受診を勧められ、当初は「ものすごいムカッときた」（Interview 2009.1.11）。Eの場合は、妻を連れて精神科を受診し、彼女が「〔若年性の〕アルツハイマー型認知症」との診断を受けても、それを義母に伝えることが二年以上できなかった。言い方を変えると、その間Eの義母は、娘を病人とはみなさずに同居を続けていたことになる（Interview 2008.12.16）。

「入り口問題」

こうした状況を、家族会Ⅳの中心メンバーでもあるGは、「入り口問題」（Field note 2014.8.1）と表現した。G自身、妻と会話していると「話が欠落する」、つまり会話の「流れ」が途切れがちだと気づいてはいたが、当初はそれを認知症の症状だとは捉えていなかった。さらに、妻の状態が悪化し、Gが彼女を受診させる段階になっても、妻のきょうだい四人は「え、何？」という反応だったという（Interview 2008.12.26）。

このように多くの家族にとって、患者の振る舞いの何かがおかしいと気づいたとしても、それをすぐに認知症と結びつけて理解することは、難しい。さらに、家族の誰かが、この人は認知症ではないかと疑っても、その疑いを他の家族が共有してくれるとは限らない。この二つの意味で、介護の入り口に立つ段階の問題が生じている、というのだ。

Gのいう「入り口問題」は、認知症の社会学的研究の一つのテーマとなってきた[2]。

出口泰靖は、社会問題の構築主義の観点から、認知症発症期の特徴はトラブルが曖昧で不確かなこと、すなわち「不分明なトラブルのゼロ点」（出口 1999: 47）にあると論じた。彼が注目したのは、こうした曖昧さ故に、家族内で「解釈＝対処のせめぎあい」が起こることだ。例えば出口は、一人暮らしの高齢者が「お鍋の空焚き」などをしていると気づいた家族が、認知症を疑って、「（一人暮らしは）危ないんじゃないか」と主張した事例を検討している。そうした場合でも、高齢者本人が「一人暮らしをしたい」と強く主張したり、他の家族が「カッとなって」しまったりと、今後について家族間で合意が得られるとは限らない。そんなときには、本当に今後一人暮らしができるのか、あるいは今現在できているのか、高齢者に食事をつくってもらったり、電気釜を使ってもらったりする「テスティング」(出口 1999: 55) が行われることがある。

井口高志は、こうしたテスティングに見られるように、家族の誰かが「「おかしさ」自体には気づいていているものの」、他の家族から「認知症という定義がなかなか承認されていかない状況」に、認知症発症期における一つの特徴を見出した(井口 2007: 129–130)。彼は、「呆けゆく者と身体的に共在している時間や頻度が最も多くなる世話をする者と、家族の中での定義権を持つ者のズレ」が生じる場合があると、指摘する。家族の中で真っ先に「おかしさ」に気づいた人(例「娘」)と、発言力のある人(例「父」)の判断が違う場合、「何かおかしい」という判断は、しばしば「承認されない」。

そして天田城介が強調したのは、こうした家族間での「リアリティの緊張関係」(天田 [2003] 2010: 267) に、認知症発症期独特の負担がある、という点だ。発症期は、患者の症状は軽度の時期にあたり、その意味で介護負担は少ない。しかし、症状が軽度で、曖昧だからこその問題がある。それが、本当に相手はおかしいのかを巡る「リアリティ定義」の家族間での競合である。もしも、この人の様子はおかしいという判断が家族間で共有されなければ、「おかしさ」に気づいた人が家族内で相談したり、誰かに助けを求めたりすることすら、難しくなってしまう。そこに、介護家族が「一層の苦悩と葛藤を強化していく」きっかけがあると、天田は論じる(天田 [2003] 2010: 265–268)。

以上の先行研究は、認知症患者の発症期に介護家族が抱える、独特の問題を明らかにしてきた。認知症初期の症状は、「何かよくわからない曖昧模糊とした」もの(出口 1999: 43) だが、家族はその曖昧さをただ何もしないでやり過ごすわけではない。「相手は今どんな状態なのか確かめよう」と「テスティング」を行うなど、なんとか状況を理解しようと努める。しかし、そうした過程を経て、「やはりこの人は様子がおかしい」と家族の誰かが主張しても、それが他の家族から承認されるとは限らない。こうして、家族間で「リアリティの緊張関係」が生じた場合、それ自体が介護家族にとって大きな負担となる。——社会学的議論は、Gのいう「入り口問題」を、こうして丁寧に言語化してきたといえる。

気づきのプロセス、そしてズレを解消するプロセスの分析へ

ただ、ここに挙げた先行研究は、重要な論点を見落としている。それは、家族の誰かが患者の「おかしさ」を認知症と結びつけて理解し、さらに家族間での「リアリティのズレ」（井口 2007: 126）を解消していく、そのプロセスだ。確かに一連の先行研究は、家族が「何かおかしい」と気づく難しさや、家族のあいだで「リアリティのズレ」が生じがちなことを指摘した。しかし、いつまでも誰も「おかしさ」に気づかずにいたり、現状の定義をズレたままにしていたりしたのでは、介護保険利用をはじめとする介護の体制づくりどころか、専門医の受診すらできないだろう。前節で見た、認知症診断の特徴とあわせて考えてみても、重要なのはこの「気づき」のプロセスであり、家族間での「リアリティのズレ」をすり合わせるプロセスのはずだ。ところが先行研究では、そうした論点は深められず、発症期に家族が「気づくのは難しい」「リアリティのズレを埋めるのは難しい」と困難を指摘した上で、一足飛びに、症状がより進行した状況での介護場面の分析に移行している[3]。

先行研究で空白となっていた、家族による「気づき」と「リアリティのズレ」のすり合わせのプロ

セスは、本章で詳細に明らかにする必要がある。この問題設定は、抽象度を上げると、認知症という「（専門的）カテゴリーが個人の生活（life）の、異なった時期に、また異なったやり方で、どのように関連づけられるのか」（Lynch 2001: 249）を分析しなければならない、ということだ[4]。

そこで本章では、八〇代の女性Kが、実娘であるJＩ姉妹によって「認知症だ」と定義づけられていくプロセスを分析する。姉妹は、例えば「Kが家のバリアフリー化に反対した」「マンションのベランダで大声を出した」といった些細なエピソードを関連づけながら、ある時期からKが認知症であったと定義づけようとする。そのとき何が問題となり、どういった対応策がとられるのか、検討しよう。

3 Kとその家族

プロフィール

具体的な分析に先立ち、中心事例として検討するKとその家族のプロフィールを、本節で紹介する（表3も参照）。なお年齢などは、いずれも二〇一〇年の最初のインタビュー時点に基づいている。

Kは八〇代の女性で、中等度のアルツハイマー型認知症と診断されている。夫とは一九九四年秋に死別、二〇〇四年春まで約一〇年間、中国地方の自宅で独居生活を続けていた。

長女のJは五八歳である。彼女は一九六九年、大学入学を機に実家を出て、二〇〇五年まで関東地方でパートナーの男性と暮らしていた。しかしKに介護が必要になったことで、二〇〇五年夏に実家

デイサービスの送迎車を待つK（Iさん提供）

に戻り、Kとの同居を始めた。彼女は二〇〇二年にホームヘルパー一級[5]（当時）の資格を取得しており、二〇〇五年まで訪問介護員として勤務していた。そのため認知症に関する講習を複数回受けており、認知症介護の経験も重ねていた。

次女のIは五二歳で、夫と子どもがいる。結婚後は近畿地方で暮らしており、Jのサポート役として定期的に実家に通っている。彼女も一九七八年、大学入学を機に実家を出ている。Iの場合、実母Kが認知症の診断を受ける前年、義母が脳血管性の認知症を発

表3　Kとその家族の，介護に関連する出来事の年表

年	出来事
1967年	長男，大学入学を機に実家を出る（現在まで，関東地方で生活。介護には関与していない）。
1969年	長女J，大学入学を機に実家を出る（その後，05年まで関東地方で生活）。
1978年	次女I，大学入学を機に実家を出る（その後，現在まで近畿地方を中心に生活）。
（約16年間）	K，自宅で夫と二人暮らしの生活となる。
1994年秋	K，夫と死別。以降10年間，Kは自宅で一人暮らしを続ける。
2002年	J，ホームヘルパー1級の資格取得。研修と実務で，認知症に関して学ぶ。
2003年夏	I，義母が入院したことをきっかけに，認知症に関する知識を集め始める。
2004年春	K，自宅で転倒し，骨折。同年夏まで入院する。 J，入院中のやり取りから，Kが認知症だと判断する。
同年夏	I，リフォーム時のやり取りから，Kが認知症だと判断する。
2005年春	K，Iに付き添われ精神科を受診。「アルツハイマー型認知症」の診断を受ける。
同年夏以降	Jを中心にKを在宅で介護。
2017年初め	K，介護施設に入所。

症している。そのため医師からのレクチャーを複数回受けており、書籍やセミナーなどを通じて認知症に関する知識を得ていた。

気づきやすかったはずの家族

このKとその家族に注目するのは、以下の二点を理由とする。第一に、中心介護者であるＪＩ姉妹に、Kの発症以前から認知症に関する知識があった点。第二に、にもかかわらず、彼女たちは母親の認知症に気づく困難を感じていた点だ。高齢者の異常を発見したとしても、もし家族が認知症という概念を知らなければ、互いを結びつけることはできない。その点でＪＩ姉妹は、Kが認知症だと極めて気づきやすい立場にあった。しかし表3の二〇〇四年

春と夏の項目にある通り、ＪＩ姉妹が認知症に気づくタイミングには数か月間の違いがあった。この間、姉妹は「リアリティのズレ」を経験している。しかも姉妹はインタビューの中で、「今から思えば」二〇〇四年以前にも認知症の兆候があった、つまり症状の発見が遅れたと考えている、と語った。

すなわちＫとその家族の事例は、人びとが、どのようにして「この人は認知症だ」と気づくのかを明らかにする上で、極めて好適な事例なのだ。ＪＩ姉妹は、Ｋと暮らす中で起こった「何かよくわからない曖昧模糊とした」出来事から、それぞれに彼女は認知症ではないかと気づく。しかし、姉妹の判断はしばしば一致せず、「リアリティのズレ」が生じる。そして二人は、そのズレを修正しながら、最終的に受診にまでこぎ着ける。

Ｋとその家族を対象とした調査は、次のような手法とプロセスで実施された。調査は、約二か月の詳細な予備調査（Ｋ宅での参与観察、面談及び電話での聞き取り）を経て、家族のライフイベントを整理、聞き取り項目を設定することから始まった。そして二〇一〇年一〇月に、Ｉ、Ｊの順で集中的にインタビューを行った。その後も現在に至るまで、ＪＩ姉妹には面談及び電話での聞き取り調査を継続して実施している。

なお年表にもある通り、Ｋには、娘であるＪＩ姉妹の他に長男がいるが、Ｋの介護には関与していないため、ここでは分析から除外する。(6)

4　いかにして気づいたのか

本節では、医師による診断に至るまでに、家族はどのようにして「Kは認知症だ」と定義づけたのかに注目する。認知症発症期においては、高齢者の引き起こすトラブルの原因がはっきりしないため、トラブルと並行して事態の定義づけがされていく。

入院中、訪問客の記録をとれなくなる

第一にポイントとなるのは、入院中、Kが訪問客の記録をとれなくなるという出来事だ。二〇〇四年春、Kは自宅で転倒し、三ヶ月ほど入院した。Kにとっては初めての長期入院であり、心配した見舞客が何人も訪れた。そのためJI姉妹は、訪問客にお礼をするために、入院中のKに誰が見舞いに来たのか、確認した。ところがKは、誰が訪問してきたかを全く記憶しておらず、しかも記録を全く取っていなかった。

次女のIは、二〇〇四年春の段階での自身の解釈について、次のようにインタビューで答えている。Iは、〔実母である〕Kが入院する約一年前、義母が事故で入院した際のエピソードを紹介した後、次のように続ける。

Ｉ：でそのときに、結果的には〔義母〕は、脳に受けたダメージがあって認知症になってしまったんだけれ

ども、そのときに、そのケガの担当のドクターは、いやこういうことは一時的によくあることだと。極端に環境が変わって、一時的にこういうことはよくあることだと。それでそのときも、ま、家族として、じゃあ、これは退院したら、退院したらというか、いずれよくなるんですよねと、すがるように尋ねたりしたことがあって。ま、結果的に良くなることはなかったんだけれども、ただ、その一時的に、環境の変化でそういう症状がでることは、よくあることだっていうのは知識としてあったので、やっぱり、すがるようなものっていうのも、あったのかなと、思うのだけれども。

(Interview 2010.10.18)

Iはこのように、義母の主治医（当時）から得た医学的知識を参照し、「極端に環境が変わって、一時的にこういうことはよくあることだ」と判断していた。ここで「よくあることだ」とされているのは、入院して急に環境が変わったことにより起こる、せん妄（意識障害）の一種だと理解できる。補足すると、Iの義母は入院中、Kとほぼ同じ症状（現在の時間や自分のいる場所を間違える見当識障害、見舞客の名前を覚えられない記憶障害）を見せたという。この場面でIは自分の判断を、医師から得た知識に「すがった」と評しているが、言い換えればそれは、Kの症状に当時の義母をなぞらえたということだ。

これに対しJは、Kの入院時の様子を次のように説明する。

J：そうね、確かに混乱してるだろう、ということはあったんだけれども、やっぱり、ホントに、さっき来た人の名前も忘れるっていうのは、混乱しているにしてもあまりにも。あと、字が、文章がもう本当に書けなくなっていたりとか。

木下：その、文章っていうのはどういう？

J：今日は何したどうしたっていう、本当に、小学一年生が字が書けるようになって初めてつづる文章のようなことを。もう、あまりにも書かないので、つきっきりで私が毎日ロビーで書かせたんですよね。だけどそれもホントに、私が滞在している一時間とか一時間半の間に、一行、二行ぐらい書くのが精いっぱいという状況で、うん、これはやっぱりあまりにも、混乱の度が越えているという感じでしたね。他のことはだって、できるわけだから。例えば、売店で何かを必要なものを買ったりとか。そういうことは割としてたので。

(Interview 2010.10.30)

Jはここで、二つの「テスティング」を行う。つきっきりでJが毎日ロビーで文章を書かせることと、売店で何か必要なものを買わせることの二つだ。前者は、J自身が特別な作業を用意するパターンであり、後者は、入院患者なら誰もが体験する病院生活の一コマを、一種のテストとして活用するパターンである、と整理できる。

その上でJは、程度問題と比較問題としてこの場面を評価する。この場面は、一時間で一行や二行しか文章が書けないという程度問題としても、他のこと（例えば買い物）はできているのに、なぜ書けないのかという比較問題としても、どちらにしても「混乱の度が越えている」という判断である。この二つが組み合わさったとき、文章を書くという特定の能力が、何らかの形で障害されたことが疑われる。さらにJは、「で、入院後の混乱であるにしても、あのー、入院をきっかけにして、認知症が始まるということはあるだろうということで」(Interview 2010.10.31) と、Iによる「入院時の混乱」という判断と自身の「認知症」という判断を、矛盾しないものとして結びつける。

この時点でのJの判断は、Iに比べて結果的に妥当だったといえる。

しかし、私がこの場面で注目しているのはむしろ、Iの判断だ。確かに、Kが訪問客の名前を全く記録していなかったことは、認知症を疑わせうる。またIが、かつて医師から受けた説明に「すがった」と表現していることにも注目できる。ここから、彼女には母親を認知症と思いたくないという拒否感があり、その結果判断が遅れたと解釈することも可能だろう[7]。しかし、その解釈で十分だろうか。

注意しなければならないのは、Iのこの判断が「急な入院に伴う極端な環境変化」という条件を重視することで、根拠づけられている点だ。Kの状態は、入院といった極端な環境変化により、せん妄が生じることがあるという、認知症とは別の医学的概念のもとでも説明可能だった。実際、日本神経学会が監修した専門医向けのガイドラインでも、せん妄は「認知症と鑑別すべき病態[8]」として、注意するよう促されている(「認知症疾患治療ガイドライン」作成合同委員会編 2010: 8-10)。

つまり、この場面において姉妹間で問題になっていたのは、Iの中で認知症に否定的態度があったか、なかったかではない。高齢者の異常の原因を説明する専門的概念は認知症一つではない、という問題だ。

家のバリアフリー化に強硬に反対する

第二にポイントとなるのは、Kが、家のバリアフリー化に強硬に反対したという出来事だ。二〇〇

現在のK宅（Iさん提供）

四年夏、Kは退院後、古くから住んでいた自宅のバリアフリー化をケアマネジャーなどから勧められた。K宅は明治期に建てられた古民家で、足を痛めたKにとって、必ずしも良い環境とはいえなかったからだ。Jもそれに賛成するが、いくら説得してもKがそれに応じようとしない。

この場面で特徴的なのは、KがJI姉妹に積極的な反論をすること、そして数か月前の入院時、Kは認知症ではないかという疑いをもったJの判断が、いったんは揺らぐことである。

まず問題になるのは、リフォームへの反対は必ずしも「異常」とは言えないという点だ。確かに、介護が必要な高齢者が、自宅のバリアフリー化を頑なに拒否するというのは、判断力の低下を疑わせる。しかし、K宅が明治期に建てられた、歴史ある建物であったことを考慮するとどうか。現在の住人にとって不自由だとはいえ、安易な改装を避けようとするのは筋が通っている。さらにKは、Jに対し次の様に反論したという。

J：〔Kは〕段差が少しぐらいあった方が〔健康に〕良いと言うので。でもそれは一理あるわけですよね。別に、彼女はたぶん口から出まかせで（笑）、あの、やりたくない気持ちがあって、それにただ理由をつけるためにそう言ってるんだろうっていうことは、十分承知してるん……だけども、でも、実際段差があった方が、健康が維持できるとか、体力が温存されるとか、そういうことは実際にあると思うので、うーん、それは、あの、何とも言えないものが、ありましたね。

(Interview 2010.10.31)

このKによる積極的反論を受け、Jは、妹であるIを実家に呼び戻す。この対応の意図を、Jは次のように説明した。

J：あー、それはね、単に私に対して反発してるっていうことも、一方で考えられたから。きょうだいに対しても全然違う対応をするし、私は割と強引なところがあったりとか、彼女にとっては苦手なタイプだと思うのね、付き合うのにね。〔略〕〔Kは〕若いころから、私のことは、割と、これしちゃダメあれしちゃダメって言わなきゃいけないと思っていたし、そうしないと何しでかすかわからない子どもみたいな風に、たぶん感じてただろうし、だから今も私のことはそんなに信頼してなくて、何でもかんでも反対してる、可能性もあるっていう。そのこともたぶん、嘘ではなかったと思いますよ。あの、それも一方であったと思う。だから、それが、他の人だと、上手く納得させられて、理解もそこで進む可能性もあるっていう風に思ったのね。

(Interview 2010.10.30)

つまりJは、このトラブルが認知症の症状なのか、それとも家族の関係性の問題なのか、判断がつかなくなっていたのだ。彼女は、今直面しているトラブルが、自身とKの長年の関係性に起因しているという可能性も「一方で」考えざるを得ない。つまり、いったんは相手を認知症かと疑ったものの、

Ｋ宅リフォーム後の廊下

「一方で」自分と相手の関係だからこそトラブルが生じている可能性も捨てきれない。

問題となったKの反応（自宅のリフォームへの強硬な反対）は、必ずしも「異常」とは言えない。それは、K宅の歴史、Kの健康観、あるいはKとJとの関係性を考慮すれば、十分に説明できてしまう。JがIを実家に呼び出したのは、このような文脈による。Kのかつての行動パターンからして、末っ子であるIの話は「抵抗なく」聞いたからだ。

しかしIはここで、Jとは全く違った見方をする。

Ｉ：それで、Kさんにとって私は末っ子っていうこともあって、わりにこう、抵抗なく話聞いてくれるとこがあるので。で、実際、すごく「ふんふん」と聞いて、納得して「そうだなあ」って言って聞いてくれて。それが長い話をしたのね。長い話をして、で、すごくいい感触で、「やった！　私は説得できた」と思った瞬間、「でもね、私は」って言って、たぶん、一時間ぐらいの説得をしたと思うのだけれども、ゼロに戻ってた、もう。あのときのショックっていうのは（笑）。全く説得されているわけではなかった。納得しているわけではなかった。というか、たぶんこれは、最初の方、全部忘れてしまっていってるんだ、どんどんどんどん忘れてしまっているんだっていうのが、初めて、はっきりわかったたっていうのが。

（Interview 2010.10.18）

ここで注目したいのは、Ｋによる積極的反論が、ＪとＩの間で全く違う文脈において理解されたことだ。Ｋは娘たちに対し、自分の健康を考えても、家を改修したくはないのだということを積極的に訴える。建物の歴史などを考えても、Ｊの言う通りその判断は「一理ある」。しかもＪとＫの親子関係を考えれば、ＫがＪの言うことに「何でもかんでも反対」するのは、いつも通りといえる。しかしＩは、こうして積極的反論がされること自体を、「〔会話の〕最初の方、全部忘れてしまっていってる」という、記憶力の障害として再定式化する。

バリアフリー化されたお風呂

Ｉにとって、Ｋが自分の説得に応じないことは、二つの点で逸脱的だった。まず、Ｋがこれまでの家族関係のパターンを破った点。Ｋは今まで、末っ子のＩがもちかけた話に関しては「抵抗なく」聞いていた。にもかかわらず「でもね、私は」と切り返し、全く説得に応じなかった。第二に、長時間の説得を「ゼロ」に戻してしまうという、その反論の仕方だった。確かにＪの言う通り、彼女の反論の内容だけみれば、それは「一理ある」。しかし、その前に〔その反論を封じるための〕Ｉによる長時間の説得が続いていたのだという文脈を読み込んだとき、ＪＩ姉妹はそれを異常として認識した。

ＪＩ姉妹のあいだでの「リアリティのズレ」が解消され、Ｋに診断を受けさせねばならないという合意が形成されたのは、この出来事がきっかけであった。問題は、「判断の妥当性」（段差があった方が健康にいいか）でも、「家族の関係性」（ＪＩ姉妹とＫの長年の関係のあり方）でもない、「記憶力の減退」へと置き換えられたのだ。

そして二〇〇五年春、ＩはＫを「健康診断」という口実で連れ出し、精神科を受診させる。このときＩは、ＪＩ姉妹が、Ｋは認知症ではないかと疑っているとは告げず、「高齢者にはそういう〔「健康診断」を受診する〕権利があるから」と、病院まで付き添って受診させたという。そしてこのときの検査で、Ｋは「アルツハイマー型認知症」の診断を正式に受ける。Ｊが、最初にＫの認知症を疑ってから、一年後のことであった。

5　なぜ気づけなかったのか

前節でみたように、ＪＩ姉妹はインタビューが進むなかで、Ｋの認知症に気づいたエピソードを具体的に例示した。

私はそれをふまえた上で、「現在、認知症の早期発見が訴えられているが、ではＫの認知症の発症は今紹介のあったエピソードの時期だと考えているか」と尋ねた。すると姉妹は「今から思えばおかしかった」事例を、さらにさかのぼって例示した。このように「今から思えばおかしかった」という、

「過去の（「始まり」の時点の）徴候に対する（後の意味遡及としての）回顧的＝遡及的定義」（天田［2003］2010: 268）は、認知症発症期の「何かよくわからない曖昧模糊とした」状態を考える上で、重要なポイントとなる。

そこで本節では、この「今から思えば」と振り返られる場面を検討しよう。

本節の事例を検討する上で、前節と比較して二つの点に注意したい。まず、前節の事例と異なり、本節で扱う場面が起こった当時、ＪＩ姉妹は認知症概念を知らなかったという点。次に、それらの場面は当時、それほど大きなトラブルだと認識されていなかった、つまり「早急になんとかしなければ」とは思われていなかったという点である。本節の事例はいわば、当時見過ごされてきた場面だった。

では、当時は見過ごされ、しかし認知症という概念を知り、Ｋに診断が下った今となっては、その概念に結びつけて考えられるような場面とは、いかなるものなのか。また、それらの場面は当時、どのように定式化されていたのか。

「理屈の通った説明」から「初期症状」へ

Ｉは、「Ｋは〔二〇〇一年〕当初、「ボケた」と発言することがあっても、あくまで冗談。何か不都合があったとしても、それが自分のもの忘れに起因するとは絶対認めない」（Field note 2012.1.21）と振り返る。前節でみたように、ＩがＫの認知症を疑ったのは二〇〇四年夏だった。しかし「今から思えば」二〇〇一年の段階で、すでにＫは「もの忘れ」で不都合が生じており、にもかかわらず「「ボケた」と発言することがあっても、あくまで冗談」、つまり自らの病状を認識できない「病態失認」状態にあったというのだ。
Iは、二〇〇一年の段階でKがすでに発症していたことを示す場面として、KがI夫妻宅にしばらく滞在したときのエピソードを挙げた。I夫妻はマンション住まいなのだが、Kは滞在中、ベランダから室内の夫妻に大声で話しかけることがあった。そういう振る舞いは〔近隣住民に迷惑をかけうるという点で〕「極端に言えば無神経」であり、IはKをたしなめた。このときKは、「生活環境が違うから。ああいう所〔田舎の一軒家〕に暮らしていると、声が大きくなる」と説明した（Field note 2012.1.21）。
Iは、このときのKとのやり取りを、こう振り返る。

I：理屈通ってるじゃない。〔Kは〕すごい合理化して説明するから。すごい上手に理屈つけてくるから、ああそうなのかなって。
木下：認知症の知識がある今では、違う見方をしているのでしょうか？
I：声の調節ができなくなっていたのかも知れない。あぁ、そういう事だったのかな、と思う。
（Field note 2012.1.21）

ここに、特徴的な事態が見られる。認知症という概念を学んだIは、トラブルに対してKが加えた「理屈の通った」説明の背景に、Kが「絶対に認めない」何らかの病状がすでにあったはずだと、回顧的に判断しているのだ。二〇〇一年段階、Iがまだ認知症について知らない段階では、「生活環境が違うから」というKの説明は納得のいくものだった。しかし二〇一二年、認知症について学んだ後には、それは〈声の調節ができないといった〉何らかの症状に「上手に理屈」をつけたものだと解釈される。

時間をさかのぼって増えていく、疑わしい場面

そしてIにとって、このKの「理屈の通った」説明の評価が変わることの影響は、この場面の解釈のみに留まらない。このときKが付けた「理屈」と関連させることで、Iが説明を付けていた別の場面に対しても、すでに認知症を発症していたのではないかと疑いが波及していくことになる。例えばIは、次のような場面を紹介している。

二〇〇一年Kが滞在中、I夫妻はKを連れ、ある邦画を劇場まで観に行った。Iの夫がファンである女優が出演していたからで、食卓でもしばしばその映画のことは話題にしていた。

ところが、その作品は〔I夫妻から見て〕「つまらなかった」。〔実際この作品は、興行的にも大失敗だった。〕

すると、劇場からの帰りの電車の中で、Kが「私は何でこの映画を観に来たのかわからない」と発言した。

Iはこのとき、「え、説明したはずなんだけど」と応じたが、これに対しKは「あんたたち（I夫妻）は声が小さいからわからない」と立腹した。

確かに様子がおかしかったが、以前「生活環境が違うから。ああいう所〔田舎の一軒家〕に暮らしていると、声が大きくなる」と発言していたことから、〔大きな声で話していない〕自分たち夫婦の会話は聞き取りにくかったのだなと、納得していた。

しかし今では、〔I夫妻の言うことが〕「聞こえなかった」のではなく、「理解できない」あるいは「忘れていた」、つまり認知症の初期症状（記憶障害）の表れだろうと解釈できる。それを「声が小さい」と「他罰的」に表現したのも、症状だろう。

（Field note 2012.1.21）

重要なのは、二〇〇一年当時のIはすでに、映画鑑賞後のこのKの振る舞いは「おかしい」と感じていたという点だ。しかしKは以前、「生活環境が違うから」KとI夫妻は声量が違うと言っていた。そうであれば「自分たち夫婦の会話は」彼女にとって聞きづらいのかもしれないとIは考える。「あんたたちは声が小さいからわからない」という発言は、マンションでの会話が聞き取りづらく、自分は映画を観に来た趣旨が良くわからなかったということを、八つ当たり気味に伝えたかったのではないか。実際、つまらない映画を家族に無理に観せられれば、「私は何でこの映画を観に来たのかわからない」と立腹するのも無理はない。

しかし二〇一二年段階では、その「生活環境が違うから（略）声が大きくなる」というKの「理屈の通った」説明は、その背景に何らかの症状を想定すべき、つまり認知症の初期症状の表れだと考えられている。とすれば、Kの説明に支えられていた映画鑑賞後のやり取りの解釈も、変更されざるを得ない。こうしてIは、この場面でのKは、I夫妻の会話が「聞こえなかった」のではなく「理解できない」あるいは「忘れていた」のだろうと、再定式化する。

このようにIは、日常生活を送る中で、Kの振る舞いに何らかの異常を、幾度となく見出していた。そういった場面は、彼女が認知症に気づいた二〇〇四年以前にもすでに存在していた。そしてIは、そういったKの異常に気づいたとき、その場の状況やKのこれまでの生活環境を勘案しながら、その出来事を説明しようと常に試みていた。もちろん二〇〇一年当時、Iは認知症概念を知らないのだから、その概念とKの振る舞いが結びつくことはない。また当時、Kの振る舞いは単純に認知症と結びつかなかっただけではない。様々な要素を勘案し、「理屈の通った」形で説明されていたのだ。

しかし今や、Iは認知症という概念を利用可能である。彼女は認知症について学んでおり、母Kには認知症という診断が下っている。その認知症概念を参照することで、例えば本人の「理屈の通った」説明の背景に何らかの症状があったのではないかと、回顧的な想定がされる。そして、その「理屈の通った」説明に関連づけられていた別の場面もまた、認知症を疑わせる新たな場面として再定式化される。

こうして、認知症発症を疑わせる場面は、Iの中で次々と、時間をさかのぼって増えていく。

「Kさんっていう人を理解していなかった」

認知症発症を疑わせる場面が増えているのは、Iだけではない。Jにとっても同じことだ。だからこそ彼女は、Kがいつから認知症を発症していたのかは「本当にわからない」とする。Kの夫（つまりJI姉妹の実父）は一九九四年秋に亡くなったのだが、Jはその直後の実家の様子を、こう振りかえる。

J：ホントに、五月の連休でここ〔実家〕に来るたびにゴミで〔台所が〕埋まってて、まずは私が整理をしてからでないと、台所を使えない状況が何年もあって、それも認知症といえば認知症だけど、だとするとものすごく昔から認知症っていわないといけないし、特にじいちゃんが亡くなってからは、気力もたぶん落ちていただろうから、そういうことをする気持ちが一時的にね、それこそ、うつ的な状況になって、そういうことをする気持ちが失せてしまったっていうことも十分に考えられるので、それ〔いつ発症したか〕は本当にわからない。（略）じいちゃんが亡くなったから、それ以降だらしなくなった、っていうのではないのよ。それ以前からその傾向はあるのよ（笑）。だから余計に、わかりづらいのよね。

(Interview 2010.10.30)

ここで例示されているのは「ゴミで〔台所が〕埋まって」いる、つまり台所のゴミを片づけられないという、一九九五年以降数年間のKの状態についてである。五月の連休で帰省したJが整理しないと使えないほど散らかしている、そして、そんな中で生活を続けているというKの状態は、それだけをとれば確かに認知症の症状と解釈しうる。

しかしJは、このときの状態を認知症とする解釈に疑問を呈する。彼女の指摘は、二つの論点に整理できる。

まず問題になるのは、Kが一九九四年秋に夫を亡くしたばかりであったという背景である。夫の死というライフイベントを体験したばかりの女性が、「うつ的な状況」すなわち激しく気分が落ち込んだ状況になって、家事を担えなくなることは、十分に考えられる。

第二に、Kの性格の問題である。引用した箇所でJは、Kのだらしない傾向は以前からあった、としている。Kは例えば、幼いJに「洋服をつくってあげる」と約束するのにつくらない、あるいは中高生のJに「甘ーいスクランブルエッグ状の卵をボーンと入れた無茶苦茶な弁当」をもたせたりすることが「たくさん」あった（Interview 2010.10.31）。Jは、この「ゴミで〔台所が〕埋まって」いるのも、あくまでその様な過去のエピソードの延長線上にある、つまりKの性格（だらしなさ）の問題だと捉えた方が妥当だと指摘する。もし「ゴミで埋まって」いるのを認知症の症状だと読み解けば、Kが若いときのエピソードもそう解釈されかねず、「ものすごく昔から認知症」ということになる、というわけだ。

さらに、この場面からは別の問題が指摘できる。考えてみれば、台所が散らかっていたとしても、暮らしていけないわけではない。ではKは、そのような状態で、果たしてきちんとした生活を送れていたのであろうか。このような文脈からIは、次のように指摘する。それは、Kが夫と死別し、一人暮らしをしていた約一〇年間どのように暮らしていたのか、娘であるJI姉妹が把握しきれないという問題だ。

I：Jさんも、私も、実はもう、そのずっと以前から、変だなっていう、あるいは、何か性格が変わったようだなとかっていうのは、感じてたよね、と〔姉妹で話していた〕。ただ、一緒に生活してるわけじゃないし、例えば異常って言ったって、人は多かれ少なかれ、言ったら異常だし。だからKさんに、彼女にとって、

それが〔異常かどうか〕。それがわからない。（略）

で、まあいかに、自分たちがKさんっていう人を理解していなかったたっていうことでもあるんだけども、だからこう以前と変化があるのかどうかっていうことも、判断できなかった。ただ、後で思うとやっぱり、そういう、症状と言ってもいいくらいの、例えばその、性格の変化とか、物事を判断できないとか、選べないとか、そういうことは、明らかに出てきていたんだろうなということ。それでも、後になってそうだったんだなっていう。

（Interview 2010.10.18）

その人にとっての逸脱

ある神経内科医は、家族会での講演で、「〔高齢者が〕我われの日常生活から外れた、逸脱行為をやっていたら、それは全て認知症なんです、老化ではなくて」とした（Field note 2010.10.1）。この表現になぞらえれば、認知症が疑われる高齢者の「逸脱行為」は、「我われの日常生活から外れ〔ているかどうか〕」で判断される。

しかし「我われ」といっても、一人ひとりの日常生活のパターンの幅はあまりに広い。Iが語るように、それがその人の日常生活にとって異常かどうかで判断するしかない。

ここに、特徴的な問題が見られる。JI姉妹は、Kがいつから認知症であったかを判断する上で、彼女の振る舞いが、あくまでKという個人にとって逸脱的かを考慮すべきだ、と考える。そして、Kのこれまでの性格（だらしなさ）や、ある時期に経験したライフイベント（夫の死）を知っているからこそ、他の人ならば逸脱行為とされかねない振る舞い（ゴミの放置）が、彼女にとっては当たり前の振る舞いだと解釈される。しかし姉妹は一方で、自分たちがKの日常生活の様子（ゴミが放置された中でどう暮らしていたのか）を把握しきれていない、という問題にも直面する。K個人の日常生活が、彼女が認知症かどうかを判断する上で重要だと考えるからこそ、自分たち姉妹がKと共に過ごしていない期間のことを、考えざるを得ない。

こうして、Kがいつから認知症だったかを遡及的に考え始めたＪＩ姉妹は、自分たちが「Kさんっていう人を理解していなかった」という結論に、たどり着く(9)。専門職向けの講習や専門書を通じて、認知症に関する専門的知識を学び、また介護の経験を積んだ姉妹が最終的に問題にしたのは、Kがどんな人間だったかについての、いわば日常的知識だった。

6　争点として立ち現れる、相手の人生

人びとが、どのようにして「この人は認知症だ」と気づくのかを明らかにする。――本章は冒頭でこう問いを立て、実母Kを介護するＪＩ姉妹の事例を分析してきた。

この「気づき」すなわち「日常的推論」は、高齢者の振る舞いを「説明可能かつ理解可能〔accountable〕(10)」にするための試行錯誤といえるだろう。認知症の初期症状は、「何かよくわからない曖昧模糊とした」ものである。しかしそうした曖昧さを前に、家族はただ専門職の介入を待っていたり、何もせずに不安を抱えていたりするわけではない。ちょっと買い物に行ってもらう、文章を書いても

散歩中のK（右）と長女J（Iさん提供）

らうといった「テスティング」を通じ、相手の状態をなんとか理解しようと試みることもある。あるいは、仮に高齢者の異常を認知症だと解釈しなかったとしても、それはその状態がせん妄といった別の医学的な概念のもとでも、説明可能だったからかもしれない。そうした解釈の試行錯誤を加えるからこそ、家族は様々な問題を抱えてしまう。それが、気づきの遅れであり、家族間での意見の不一致すなわち「リアリティのズレ」であった。

人生を参照する

ここから、本章の結びとして、二つの論点を強調したい。

第一に、家族が認知症に気づくとき、その日常的推論の基準として、極めて個別性の高い個々人の過去が参照されることだ。例えば、家の改築工事に反対することや台所のゴミを片づけられないことがおかしいかどうかは、一概にはいえない。私たちはそれを、家族同士のこれまでの関係性、夫の死というライフイベントや以前からの性格など、Kという個人がどんな生き方をしてきたか、彼女個人の過去と照らし合わせて、初めて判断する。だからこそＪＩ姉妹にとって、「Kさんっていう人を理解していなかった」のが、問題として浮上する。彼女の振る舞いが、Kという個人にとっておかしかったのかどうかが、わからなくなってしまうからだ。

そしてこれこそ、私が序章で患者の人生と呼び、本書のキーワードとして設定したものだ。Kはいつから認知症だったのか。それを考える上で問題となったのは、Kがかつて経験したライフイベント、彼女のこれまでの性格そして現在に至るまでの家族の関係性など、Kが過去にどんな経験をし、どんな生き方をしてきたかを巡る、様ざまな要素であった。つまり、認知症に気づく上でＪＩ姉妹にとって問題となったのは、Kの人生だったのだ。[11]

遡及的に再構築される人生

ここから、本章における第二のポイントが導き出される。それは、診断が確定した後、「この人は認知症だ」と気づいた家族のあいだで、相手の人生が遡及的に再構築されるということだ。「何でこの映画を観に来たのかわからない」と立腹していたKの姿は、つまらない映画を家族に無理に観させられた腹立ちまぎれの様子ではなく、家族の説明を忘れたり映画の内容を理解できなかったりする、そうした初期症状に苦しむ様子として、今や思い出される。あるいは、「台所のゴミ」や「甘ーいスクランブルエッグ」といった、当時は見過ごされていた過去のエピソードが、「あの頃から認知症だったのか」「いや、そんなはずはない」などと、今や印象的なものとして思い出される。

私たちが過去に何を経験したか、個々人がどのような人生を歩んできたかは、それほど確かなものではない。イアン・ハッキングは度々、「過去の不確定性（indeterminacy in the past）」について議論している。彼が注目したのは、（人間を分類する）専門的概念が新たに登場したとき、人びとが自分たちの過去の経験を、新たな視点から振り返る事態だった[12]。彼は、「記述されたものが何であれ、われわれはそれを記述する方法に縛られている」（Goodman 1978=2008: 20）としたネルソン・グッドマンに言及しつつ、次のように論じた。

もし新しい種類〔人間を分類する専門的概念〕が選択されたなら、過去も新しい世界の中に現れることができる、とグッドマンなら言ったであろう。過去の人生の出来事も、今や新しい種類に属する出来事として、つまり、その出来事が経験されたりその行為が為されたりした時には概念化されていなかったかもしれない種類に属するものとして、見ることができる。経験したことは新しい仕方で思い出され、その当時は考えられていたはずのない語によって考えられるようになる。経験は再記述されるだけではない。経験は再び感じられるのである。

（Hacking 1999=2006: 283）

認知症概念は、Ｋの人生を新しい世界の中に出現させた。ＪＩ姉妹が子ども時代を過ごし、Ｋと共に暮らしていた一九六〇年代から一九七〇年代は、認知症が本格的に医療化される前の段階にあった。

あるいはKの夫（JI姉妹の父）が亡くなった一九九四年の段階では、娘たちは認知症概念を学んではいなかった。しかし今や、そうした時代のKの様子が、JI姉妹によって「新しい仕方で思い出され、その当時は考えられていたはずのない語によって考えられるようになる」。一〇年、二〇年、三〇年と時間をさかのぼり、彼女たちの「経験は再び感じられるのである」。

そしてこの二つのポイントを合わせて考察すると、認知症概念が私たちの「日常生活に入り込んでくるとき」（酒井 2009: 71）の特徴が指摘できる。認知症概念が私たちの生活に入り込む。すなわち、私たちが「この人は認知症だ」と気づくとき、高齢者個々人の人生は、何がおかしな振る舞いなのかを巡る基準の一つとして働く。しかし一方で、その気づきに基づいて受診させ、確定診断が下りた後には、「この人は認知症だ」と気づいた人びとのあいだで、その高齢者の人生は時間をさかのぼって再構築され、認知症を疑わせる場面は次々と増えていくことになる。

認知症発症期を概念分析の立場から分析して見えてくるのは、認知症概念を巡るこの相互反映的（reflexive）な関係である。認知症という専門的知識は、患者の人生に関する日常的な知識に一方で支えられている。しかし他方で、誰かに認知症という診断が下ると、患者がかつてどんな人生を歩んでいたかの解釈が大きく変わり、再構築されるのだ。

それでは、発症期を過ぎ、症状が進行した認知症患者の介護場面では、何が起こっているのだろうか。そうした場面では、本章で指摘した患者の人生が果たす役割、あるいは認知症という専門的知識と患者の人生という日常的知識が支え合う関係は、見られるのだろうか。そこで、続く3章では、症状が進行し要介護度5の認定を受けたL（女性・八〇代）を、中心事例として取り上げたい。

コラム②

気づけなかった後悔を受け止める

「自分たち家族は、もっと早く認知症だと気づけたはずなのに、それができなかった」――介護家族から、こうした後悔の声を聞くことは多い。その後悔の言葉は、ときにEさんのように、「私は妻から逃げていた」などと、自分を厳しく責める調子すら帯びる。

なぜ介護家族は、こんなにも後悔してしまうのだろうか。調査の過程で、私はしばしばそう思った。もちろん、それぞれの家族には、個別の様ざまな事情や歴史がある。しかしその後悔の背景には、共通して二つの点が指摘できる。

一つは、そもそも介護家族のあいだに、早期発見が重要であるという知見が、前提として広く行き渡ってきたということ。今や、認知症の進行を遅らせる薬が複数開発されており、原因疾患に沿った専門的な介護も提供されている。つまり認知症を早期に発見できれば、それだけ早く疾患への対応を始めることができ、患者の生活をより豊かなものにできる。こうした早期発見の重要性を知っているからこそ、介護家族は気づけなかったことを、後悔する。

そしてもう一つ、この2章の議論に即して重要なのは、介護家族が相手のことを知らなかったと考え始めることだ。私たちが誰かを認知症ではないかと疑うとき、重要なきっかけとなるのはその人らしくない振る舞いすなわち、その人にとっての異常だった。そこで介護家族は、自分が相手の「その人らしさ」や暮らしぶりをもっと把握していれば、さらに早く気づけたのではないかと考えてしまう。妻を介護するEさんやGさんが、かつての生活を振り返り、「自分は仕事に追われ、家を空けがちで、妻を一人にしてしまった」と後悔を語るのは、そうした文脈からである。

さらに、この相手のことを知らなかったという思いが、介護家族の中で、別の疑問あるいは後悔へと、つながっていくことがある。それだけ、相手のその人らしさや暮らしぶりを把握できていないということは、自分たちは「普通ではない家族関係」だったのではないか、という疑いだ。母と自分は「あまりにもクールな親子関係」だったのではないかというDさんや「妻から逃げていた」のではないかと思い悩むEさんは、その典型だろう。つまり、認知症に気づけなかったという後悔が、ときに自分たちの家族関係のあり方を、その正当性を疑わせることになるのだ。

では、こうして深く悩む介護家族を前に、社会は何を提供できるだろうか。

　例えば、もっと早く認知症を発見できるような、より完璧な技術や制度はどうだろう。二〇一五年に策定された認知症施策推進総合戦略（新オレンジプラン）の中では、「早期診断・早期対応のための体制整備」に項目が割かれ、「認知症初期集中支援チーム」をはじめとする新たな体制づくりや、研修などを通じた多様な専門職の技術向上が掲げられている。もちろん、こうした制度的な取り組みの意義は、できるだけ強調する必要がある。それは介護家族にとってだけではない、患者本人にとってこそ重要な試みなのだから。

　しかし私は、社会が介護家族に提供すべき、もう一つの要素があると思う。それは、「早くに気づけなくっても、当たり前ですよ」という考え方であり、言葉だ。誰かのその人らしさや、暮らしぶりを完全に把握している人はいない。だからこそ私たちは相手の、今から考えればおかしかった点を、さかのぼって発見しうる。つまり認知症の発見は、論理的に、常に遅れざるを得ない。

　あえて言えば、認知症に気づくのが遅れるのは当たり前のことであり、それが普通の家族関係の結果なのだと、私は思う。私たちは、何も秘密がなく、何でも共有し合う関係を、理想の家族関係と捉えがちである。しかし、誰かが誰かのその人らしさや暮らしぶりを、余すところなく把握している関係が、本当に理想なのだろうか。少なくとも、そんな関係は普通ではない。

　普通に家族生活を送っていれば、相手との関係がクールになることも、逃げたくなることもあるだろう。相手について知らないことがあるからこそ、面白く関係を続けられるのだともいえる。そうやって普通の家族生活を送ってきた人びとが、自分を責めることになってしまうとすれば、あまりにも悲しい。

　私たちは、今までにたくさんの介護家族が抱えてきた、認知症に気づけなかった後悔を受け止める必要がある。

診断前から放置されたＫさんの編み物

3章

患者にはたらきかける

「より良い介護」を目指して

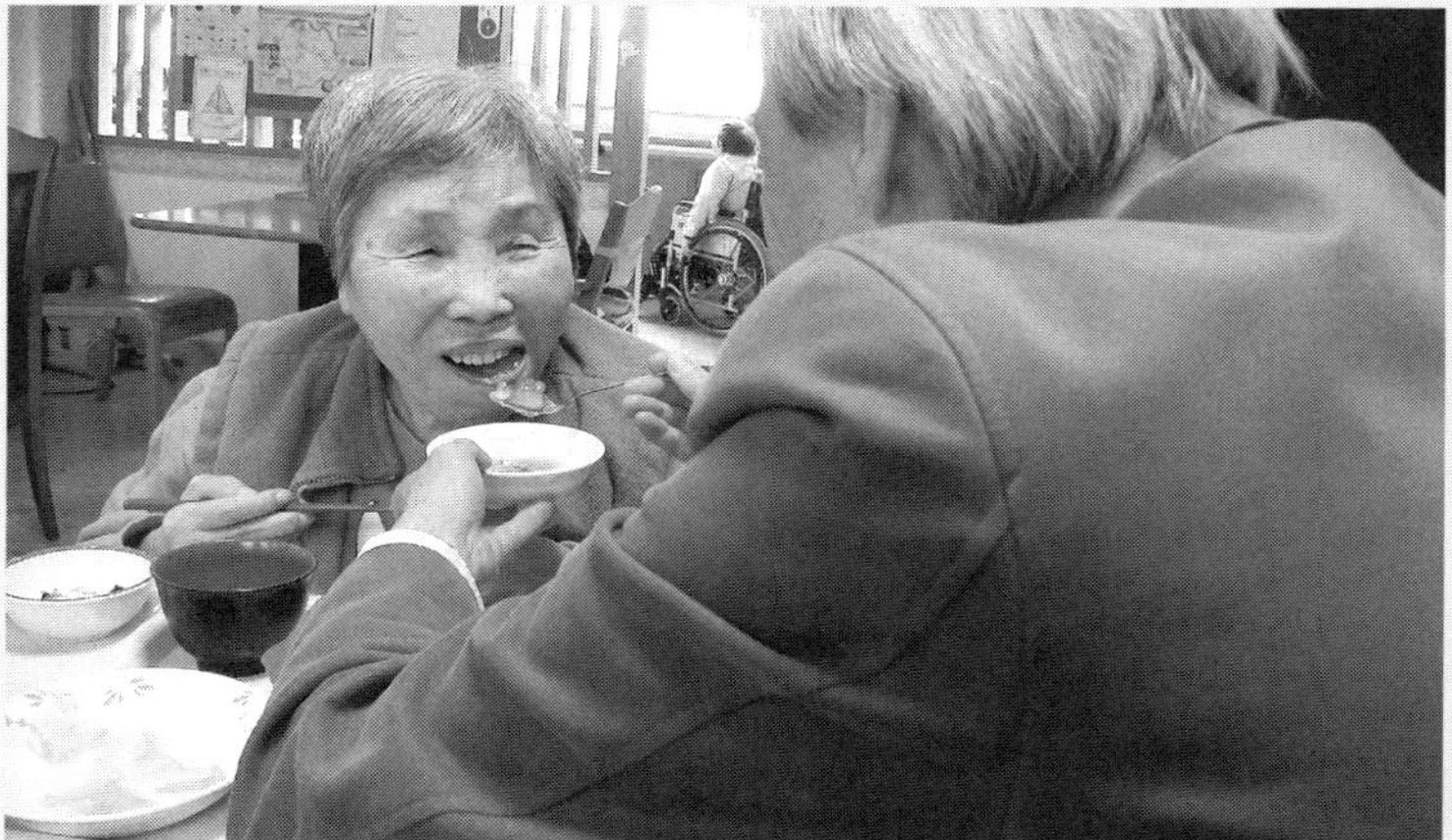

Lさんへの食事介助の様子

たくさんの料理が並んでいるのに、なぜこの人はお母さんに、大根の話ばかりするのだろう。ある日の調査で、私はビデオカメラの向こうからそう思った。施設入所中の母に食事介助をしている息子の目の前には、ワカサギの南蛮漬けをメインに、フキの煮つけやおにぎりなど、美味しそうなメニューが並んでいる。ところが彼は、その中でも大根のみそ汁ばかりを話題に取り上げ、「何が入っているでしょう」「ダ、で始まるもの」「どうやって食べたっけ」などと、母に繰り返し話しかけるのだ。

この不自然なまでの大根へのこだわりは、家族ならではの認知症ケアのあり方を考える上で、大きなきっかけとなった。母が農家として大根を「ようつくっとった」ことを知っている息子にとって、大根について繰り返し話題にすることは、不自然でも何でもなかった。ところが施設職員や私は、大根を栽培していたという彼女の人生を知らなかったのだ。

1　より良い介護の基準はどこにあるのか

前章では認知症発症期をテーマに、人びとが、どのようにして「この人は認知症だ」と気づくのかを、明らかにした。注目したのは、医師による専門的な診断に先立つ、家族による日常的な推論である。相手の振る舞いがおかしいかどうかを巡る判断は、相手がこれまでに経験したライフイベント、性格、さらには家族との関係性など、つまり患者の人生に関する知識に、強く依存していた。

しかし、「この人は認知症だ」と気づいたとして、家族にとっての問題はそこで終わらない。その後の認知症症状の進行に伴い、患者は様ざまな介護を必要とすることになる。つまり、気づきの次に家族が直面するのは、具体的な介護の問題である。そうした中で、家族は何を基準とし、どういった介護を目指すことになるのだろうか。

そこで本章では、介護家族にとって、より良い介護とはどのように達成されるのか、明らかにしよう。ここで、より良い介護が達成されるという表現を用いたのは、家族が患者の反応に解釈を加え、自分たちの介護の良し悪しを反省するプロセスに、注目するためだ。

そのために本章では、介護家族による「はたらきかけ」というキーワードを導入する。はたらきかけとは、井口高志が用いたもので、「呆けゆく者や寝たきりの人に対する周囲からの世話や対応などの行為を指す探索的な概念とする」（井口 2007: 32）。井口が強調したのは、「「はたらきかけ」のあり方は、「はたらきかけ」の相手をいかなる者として表象するかということと相互規定的である」（井口

2007: 32）という点だ。序章でも述べた通り、新しい認知症ケアとは、認知症患者を相互作用の主体と捉える介護観であった。例えば、精神科医の竹中星郎は、認知症患者の知的機能や行動を安易に類型化し、評価することを批判し、次のように述べている。

痴呆は、その場の状況や人間関係によってさまざまな反応をしたり、異常な言動が消えたりもする。痴呆も一つの生きた存在様式であり、関係性のなかで多彩に変わるものである。そのようにとらえれば、痴呆の程度を〝簡便に〟計測したり、それにもとづいて評価するような態度は、本来の精神医学のとるべき立場[1]とは異なるものである。

（竹中 2010: 80）

重要なのは、ここで「精神医学のとるべき立場」とされているものが、介護家族にも浸透しているということだ。つまり介護家族は、認知症患者の状態が「関係性のなかで多彩に変わる」と捉えている。だから彼らは、そうした患者の表象の下、患者の変化を期待して積極的にはたらきかけを行う。本章が扱う「より良い介護」を巡る介護家族の試行錯誤は、新しい認知症ケア時代の患者の表象（相互作用の主体であり、関係性のなかで多彩に変わりうる存在）のもとで生じているのだ。

本章で、介護家族によるはたらきかけに注目することで私が強調したいのは、患者の人生という日常的な知識が果たす役割の大きさである。これから検討するように、家族はより良い介護を目指す上で、患者がこれまでにどんな生き方をしてきたかを参照しようとする。それはいわば、家族ならではの介護を目指す上で重要な基準となる。しかし一方で、患者がどんな生き方をしてきたかを、完全に把握していると言い切れる人がいるだろうか。実際これから見ていくように、患者がどんな人生を歩んできたかが、患者の反応を通じて再構築されることすらある。そしてそのことで、果たして自分たちがやったことは良い介護だったのかと、家族の評価は揺らいでいく。つまり前章で提示した「過去の不確定性」(Hacking 1995=1998, 1999=2006) という問題が、さらに深まっていくことになるのだ。

2　反省する家族への注目

患者の「心」

家族は、どのような介護を良いと捉え、逆に何を悪い介護だと捉えているのか。彼らは、何を基準にして介護を提供しているのか。先行研究においてはしばしば、その基準として患者本人の「心(mind)」が挙げられていた (Gubrium 1986a, 1986b、天田［2003］2010)。ここで心と呼ばれているものは、患者の好み、快不快の感覚や記憶などの総体といえる。これは現在ならば、パーソンセンタードケアの文脈で「その人らしさ(personhood)」(Kitwood 1997=2005) という概念に置き換えられるだろう。いずれにしても、ここに挙げたジェイバー・グブリアムと天田城介の議論は、一九八〇年代から一九九〇年代の事例を対象としながら、現在の新しい認知症ケア時代に通じる事例を取り上げており、検討する意義がある。

グブリアムは、一九八〇年代のアメリカを舞台に、家族向けの(いわゆる)介護教室やテキストを分析している (Gubrium 1986a, 1986b)。彼は、介護教室やテキストの役割を、介護における「ルールの提供（rule provision）」（Gubrium 1986a: 156）だとする。ここでいうルールとは、介護者が直面する多様な場面をどう捉えるべきか、その解釈のルールである。では、そうした教室やテキストがルールを家族に提供した場合、何が起こるのか。グブリアムは特に、アメリカ・アルツハイマー病協会の発行するテキストに注目する（Gubrium 1986b）。同協会のテキストには、患者の言動の背景に何らかの心を読み解くよう、家族に求めているという特徴がある。相手は何を思っていて、何を希望しているのか。患者の言動から、そうした「心をつくりあげる（articulating mind）」ことが家族に求められている、というのだ（Gubrium 1986b: 44）。

天田も、この「心をつくりあげる（articulating mind）」というグブリアムの論点を引き継ぎ、介護家族の実践を分析している（天田［2003］2010: 379-399）。彼は、二組の夫妻の事例を継続的に調査し、介護家族が、患者の「「分かっていること」を繰り返し「発見」し」、そのことによって相手の「苦悩を自覚的に「探す」ようになった」プロセスを描いている。わからないかと思っていたら、実は音楽が聞こえていた。忘れたかと思ったら、実は戦時中の体験を覚えていた。こうした些細なエピソードさえ、患者の「アイデンティティ」を証明するものとして重要な意味づけを与えられると、天田は論じる。

自分たちの介護を反省するプロセス

しかし、グブリアムと天田が、共に論じていないポイントがある。それは、介護家族が自分たちの介護を振り返り、その良し悪しを推し量るプロセスだ。簡単に言い換えれば、反省するプロセス、となるだろう。

例えばグブリアムは、介護家族が「心の消滅（the demise of mind）」（Gubrium 1986b: 47）を経験すると結論づけている。彼は、「患者たちが、未だに心の奥底では何かを感じていて、何かを意識しているのだと考え続けることは、馬鹿らしいしよくわかってないだけなんです。そう思うときが来る」というベテラン介護者の語りを引用する。つまり、患者の「心をつくりあげる」ことを続けていた介護家族はその作業に苦痛を覚えるようになり、最終的に患者の「心は消滅した」、すなわち相互行為はもはやできないとみなすようになる、というのだ。

また天田も、介護家族は患者とのあいだで「自他の境界設定の消失」（天田［2003］2010: 399）を経験すると指摘する。患者の代理や代弁を続ける中で、「自己は他者に部分的に埋没」し「融解」する。そうして介護家族が、患者には「私しかいない」と介護を抱え込むと、天田は論じる。

しかしこうした「心の消滅」や「自他の境界設定の消失」といった事態は、介護家族に限らず、誰もがそうならないように気をつけようと思う、否定的な事例のはずだ。実際グブリアムや天田自身が、「消滅」「消失」という否定的な表現を用いて、事例を分析している。ところが二人の論文では、介護家族が自らの介護を振り返り、そうした事態を避けようとする姿は描かれていない。介護家族はいわば、あるやり方でいったん介護を始めたら、「もはやあれこれ考えることができず、それゆえ変更することもでき［ない］」（中村 2007: 77）、つまり「文化的な判断力喪失者」（Garfinkel 1967）として描かれている。

もちろん、一九八〇年代（グブリアムの事例）や一九九〇年代（天田の事例）ならば、介護家族は

「心の消滅」や「自他の境界設定の消失」といった事態を、避けるべきとは思わなかったのかもしれない。しかし強調したいのは、少なくとも二〇〇〇年代以降の、患者を相互作用の主体と捉える新しい認知症ケアの考え方のもとでは、こうした介護は「悪い介護」と捉えられるという点だ。介護家族は「悪い介護」を反省し、「より良い介護」を目指すことができる。つまり本章が行うべきなのは、介護家族が自らのはたらきかけを自覚的に振り返り、それを介護にフィードバックするプロセスの分析だ。

だからこそ本章では、患者を相互作用の主体と捉える新しい認知症ケアの考え方を学んだ介護家族が、患者に対して何らかのはたらきかけを行い、相手の反応から自分たちの介護の良し悪しを推し量るプロセスに、注目する。そのプロセスのなかで、どんなはたらきかけが、いかなる基準のもとに「良い介護」とされるのだろうか。

事例として取り上げるのは、重度認知症を患い施設入所中のL（八〇代・女性）と、その家族だ。彼らは、Lの症状がどれだけ進行しても「心が消滅した」とはみなさない。あるいは、はたらきかけを続けるなかで、「自他の境界設定」をますます意識していくことになる。では、彼らのはたらきかけにはどんな論理が見られ、またどんな経験をすることになるのか。

夏祭りに参加するL（Nさん提供）

3　Lとその家族

プロフィール

本節では、本章で対象とするLとその家族について、説明する。本章の問いに答える上で、なぜ彼らの事例が好適なのか、以下に示していこう。なお年齢などは、いずれも二〇一一年の最初のインタビュー時点に基づいている。

Lは八〇代の女性で、調査開始時点で要介護度5の認定を受けている。農家に生まれた彼女は、同じく農家に生まれた夫と結婚し、長年農業で生計を立てていた。その彼女も現在は重度の認知症を患っており、症状は徐々に進行している。そのため自発的な発話がなくなってきており、意思確認などが極めて困難な状況にある。移動は車イスに乗って行うが、自分で車イスをこいだり、行きたい場所を介護者に指示したりすることもない。彼女は介護施設「X苑」に二〇〇五年から入所しており、夫とはすでに死別している。

このLを定期的に訪問しているのが、Lの次男であるM（五〇代）、その妻のN（五〇代）、そしてMN夫妻の長男（Lからみると孫）のO（三〇代）の三人だ。Mは、Lの成年後見人(2)を務めており、彼はその職務の一環としても、月に一度X苑を訪問している。Nは、実母も認知症を患っていることもあり、書籍や講演会などを通じて認知症関連の情報を積極的に収集している。またOも、定期的に家族会（介護家族の自助グループ）に参加し、アドバイスを得ている。X苑には、この三人が常に一緒に訪問するわけではなく、成年後見人でもあるMを中心に、月に一度は誰かが訪問するという体制が組まれていた。

ここで注意したいのは、Lの症状がすでに極めて進行していることだ。それは彼女が、介護保険の要介護度で最上級の5という認定を受けていることからもわかるだろう(3)。これは、2章で検討した発症段階の事例との、大きな違いだ。

そして、そうした状況にあっても、Nをはじめとする介護家族がはたらきかけを続ける背景には、新しい認知症ケア時代に特徴的な患者観がある。それは、Lにはまだ「能力が眠っていたりする」はずだ、という見方だ。

「眠っていたりする」能力

先ほど触れたように、MN夫妻そしてOは、認知症に関して幅広く情報収集している。ただし、それは多くの人がアクセス可能な手段に依っている。例えばNは、精神科医である小澤勲が執筆した『認知症とは何か』（小澤 2005）をはじめ、関連書籍を何冊か読み込んだり、NHKで放映された特集番組を視聴したり、介護家族向けの講演会に参加したりしていた。

そのNは、Lを評して次のように述べた。

〔Lは〕できなくなったのかと思っていたら、能力が眠っていたりする。

（Field note 2013.2.4）

こうした認知症患者に対する理解は、二〇〇〇年代以降の新しい認知症ケア時代に特徴的なものだと指摘できる。確かに、認知症患者は意思表示も難しく、様ざまなことが一見「できなくなったのか」と思える。Lのように、症状が進行すれば尚更だ。しかし、彼らの中には様ざまな「能力が眠っていたりする」。だからこそ、その人らしさを尊重し、「必ず良くなると確信して〔ケアに〕当たる」必要がある（小澤 2005: 152）。このように、どれだけ症状が重度になろうとも、患者を相互作用の主体と捉えるのが、新しい認知症ケアの特徴だった。Nが読んでいた小澤の書籍にも、「埋もれている力」と題された節がある（小澤 2005: 175）。これは、グブリアムが引用した「患者たちが、未だに心の奥底では何かを感じていて、何かを意識しているのだと考え続けることは、馬鹿らしいしよく分かってないだけなんです」という、一九八〇年代のアメリカに暮らす介護家族の理解とは対照的だ。

彼らが置かれた状況

そして、Lを取り巻く家族によるこの認知症理解が、本章のテーマに関連して四つの特徴をもたらす。

まず、家族がLの能力を眠らせないために、積極的にはたらきかけようとしている点だ。「できなくなったのかと思っていたら、能力が眠っていたりする」ということは、もしLが一見すると「できなくなった」様子を真に受けて、介護者が何もしなければ、その能力は「眠ったまま」となってしまう。それはいわば、先行研究で指摘されていた「障害を巡る予言の自己成就」(Lyman 1989)だといえるだろう。だからこそLの家族たちは、より良いはたらきかけを目指すことになる。

第二に、一点目と関連して、Lが「ゆるやかに坂を下っていく状態にある」点も重要となる。(4) 例えばLは、調査開始当初は親戚の昔話などを語っていたが、調査を続けていく中でその親戚の名前すら出てこない場面も増えていった。ただし、会話自体は「調子が良ければ」継続できる。こうしたLの症状の進行状況を、Mは「ゆるやかに坂を下っていく」と表現している。このように、Lが「下り坂」にあるからこそ、家族はさらにはたらきかけを行い、なんとか彼女から反応を引き出そうとする。

しかし、Lが入所中である以上、全てをX苑の職員たちに任せてしまうという考えはなかったのか。ここで問題となるのが、Lの現状が「放っておいても大丈夫な人と〔職員から〕思われているのではないか?」(Field note 2013.5.13)という点だ。これが、第三のポイントとなる。例えばMは、「昔は〔Lが〕動き回るから色々あったのか、よく職員の人から連絡もあったのが、最近はかえって何もない」と指摘する(Field note 2013.3.23)。「ゆるやかに坂を下っていく」という状況は、症状が悪いなりに安定しているということでもある。これはすなわち、職員たちがLに特別に手をかけなくても、一日が終わってしまうことを意味する。こうした文脈で、家族はより、自分たちのはたらきかけを重視する。「そうでもしないと、今は刺激がないだろうから」（Field note 2013.3.23）という具合だ。

ところが、Mら家族が一か月に一度程度しかX苑を訪問できないことが、第四の特徴として浮上する。Mらの自宅からX苑までは、公共交通機関を乗り継いで片道三時間ほど、距離にして二〇〇キロメートルほど離れている。旅費や仕事の都合を考えても、月に何度も訪問するわけにはいかず、月に一度程度の訪問が限界となってしまう。しかも日帰りを前提とするなら、一日の訪問時間は一〇時から一四時まで、四時間が最大となる。

こうして見ていくと、Lの家族が認知症患者へのはたらきかけを巡り、問題を先鋭化した形で抱えていると指摘できる。彼らは、患者を相互作用の主体と捉える新しい認知症ケアの考えを学んでいる。そして、認知症患者であるLには、その能力を眠らせないためのはたらきかけが重要だと、彼らは考えている。しかもLは「ゆるやかに坂を下っていく」状態にある。それに加えて、自分たちは月に一度程度しかX苑を訪問できない。その少ない機会を活かしてはたらきかけをすることが、ますます重要になっている。つまり、極めて制限の大きい中で、だからこそMたちは家族によるはたらきかけを重視する。こうして、Lの家族は「道徳性の上昇」（井口 2007）した状況に置かれるのだ。

患者が施設に入所した後にこそ、家族ならではの介護が探求されていく。患者が施設に入所した後も、家族による代理・代弁は続く。さらに、普段は施設職員という専門職が介護を担っているからこそ、彼らの提供する介護と比較して、特別な刺激となり、能力を眠らせないような介護を、家族は目指すことになるのだ。

では、家族はLに対していかなるはたらきかけを行うのか。そこにはどんな基準があるのか。また、彼らは自分たちのはたらきかけの良し悪しを、どのように反省することになるのか。4節以降、検討する。

調査概要

ここで、調査の概要を説明しよう。調査は、二〇一〇年秋から開始し、二〇一四年春にいったん中断するまで、継続的に行われた。筆者は三ヶ月に一回程度のペースで、Mらに同行してX苑を訪問し、インタビュー、参与観察そしてビデオ撮影などを行った。

調査に際しては、以下の形式で同意を得た。まずM、N、Oの三名には、調査目的を説明し、事前に文書などで調査の了解を得た。Lに関しては意思を確認するのが困難なため、彼女の成年後見人であるMと手続きを行った。Mには、調査がLに負担をかけていないか、特にチェックを依頼している。加えて、X苑に関しても同様の説明を行い、施設長より了解を得た。本書で引用するデータの形式及び内容に関しても、事前に公表許可を得た。

4　はたらきかけの基準

患者の人生という基準

家族はLに対し、どのようなはたらきかけを行うのか。本章で扱う事例を列記してみよう。それは例えば、大根の話をすること、カボチャを食べさせること、家族写真を見せること、Lが家出をしてラブホテルで働いていたときの話をすること、長男の近況を教えること、一緒に歌を歌うこと、などとなる。この他にも、本章では取り上げないが調査で記録されたものとしては、スクーターについて話をする、トマトの育て方について質問する、などが挙げられる。一見してこれらはバラバラで、特に共通点がないように見える。

しかし、以上のはたらきかけには、ある基準が観察できる。こうした取り組みは、彼女がかつて好きだったものや馴染みのあったもの、あるいは彼女にとっての良い思い出を基準に、構成されている。こうしたはたらきかけのあり方は、小澤勲（2003）が求める「一人ひとりの人生が透けて見えるようなかかわり」の一例だと言えるだろう。つまり彼ら家族は、はたらきかけの基準として、Lの人生を参照しているのだ。

この、家族によるはたらきかけを理解する上で、私たちは、Lの人生をめぐる論理的関係を念頭に置かねばならない。つまり、Lがそもそも覚えていないものを忘れることはできないし、同様に思い出すこともできないのだ。[5] この関係は、認知症が記憶障害を特徴にすることから、常について回る。

昼食後，Lの車いすを押して散歩するM（Nさん提供）

昼食のとき大根の話をする

二〇一一年四月二九日の、昼食介助を例に挙げよう。この日、施設で提供された献立は、大根のみそ汁、ワカサギの南蛮漬け、フキの煮つけ、おにぎり、そしてヨーグルトだった。Lは、一応は自力で食事をとれるが、この段階で徐々に食事介助が必要な状態になっていた。通常は職員が介助にまわるが、この日は訪問中だったMが食事介助にあたった。ここで注目したいのが、Mによる大根の扱いだ。Lがみそ汁を飲んでいるとき、彼は「みそ汁には何が入っているでしょう? ようつくっとったよ」という質問をLに投げかける。Lが、「甘味があってエエな」「ネギか」などと応答すると、Mは「ダ、で始まるもの」「大根」と答えを教える。さらにMは「昔、〔家では〕大根ってどうやって食べていたっけ?」と質問を展開する。加えて彼は昼食後も、Lの乗った車イスを押して施設内を散歩しながら、「大根はどうやって食べたっけ? 生だっけ、煮たっけ、焼いたっけ?」と、同じ質問を、しかし具体的な選択肢を増やしながら続ける（Field note & Video 2011.4.29)。

　ではこの場面で、なぜ大根がトピックに選ばれたのか。これは、Lが認知症発症以前に、大根を「ようつくっとった」からに他ならない。それ故に大根と同じ野菜でも、かつて畑でつくっていなかったフキは、トピックにはならない。あるいはヨーグルトも、昔は食べていなかったのでトピックにはならない。大根とLの人生とが結びつけられ、Mによるはたらきかけの準拠点とされたのだ。

さらに、こうして人生を参照することが、Mによるはたらきかけの限界の設定にもつながっていることに注目したい。例えばこの日の昼食で、Lはワカサギの南蛮漬けを食べ残した。しかしMは、それ以上食べさせようとしない。この理由を彼は、「彼女は、昔から酸っぱいのが苦手だったから」と説明する。食べ残しはトラブルとなりうるが、Mはそれを当然の反応とする。注意したいのは、なぜ食べ残したのか、L自身は一言も説明していないという点だ。しかしMは、彼女の人生を参照することで、その理由を説明してみせる。そして、こうして彼女の行為を説明することが、同時にこの場面では、もうこれ以上はたらきかけなくても良い限界を設定することになる。例えばそれは、食べにくいから残されている（つまり、Mが介助してやれば食べてくれる）のではない。昔から苦手だから残されている、すなわち、どうしようもないとされるのだ。

人生によって異なるはたらきかけ

こうして家族が、患者の人生を参照してはたらきかけをすることは、個々の患者に応じたバリエーションをもたらす。

例えばC（七〇代）は、自営業を営んでいた夫が、「〔かつての営業先に〕行ってくる」と外出しようとしたり、「お金をくれ」とせがんできたりすることに悩んでいた。これをCは、夫が「仕事人間」であり、「お金を稼ぐこと」にこだわりがあったからだと、解釈した。そこで、簡単な袋詰めの作業を自宅で用意して、数百円でも「報酬」を渡し「生きがい」を満たそうとした（Interview 2008.12.18）。Cの夫は、「お金を稼ぐこと」にこだわりをもっていた。だからこそCによる夫へのはたらきかけは、作業の後に賃金を渡すことに重点を置いて計画された。

あるいは、ある家族会の中心的メンバーのE（五〇代）は、「出かけるときは化粧を欠かさなかった」妻に、毎日一五分程度の時間をかけて化粧をしている。Eはこれにより、妻から「笑顔」や「言葉」が出てこないか、期待しているという（Interview 2008.12.16）。

このように、同じ「仕事人間」、「女性」などと分類されうる患者同士でも、個々人が何にこだわりをもっていた（と考えられるか）に応じて、はたらきかけの内容は変わる。Cの夫と同様、Lの場合も（農業に励んでいたという意味で）「仕事人間」だったかもしれないが、彼女はあまり「お金」にはこだわりがなかった。他方でEの妻もLも、同じ「女性」ではあるが、Eの妻が「お洒落」であったのに対し、Lは外見にこだわらないタイプの人物であった。家族によるはたらきかけの内容は、こうして患者の人生を参照することで、多様になっていく。しかし、そうした個別の多様なケースの背景には、認知症患者の人生を参照してはたらきかけをするという、参照関係が共通しているのだ。

頼られる家族たち

ここで指摘したいのは、こうした患者の人生に関する知識は、家族にとって一種の「特権的知識」（Gubrium & Holstein 1990=1997）であることだ[6]。「一人ひとりの人生が透けて見えるようなかかわり」と言っても、例えば認知症患者に「あなたはどんな生き方をしてきましたか？　何が好きですか？」

などと尋ねるだけでは、良い認知症ケアとはみなされない。患者は記憶障害などの影響により、自分がこだわっていたものや重要なエピソードを、自ら語ることができないかもしれない。あるいは、失語状態の場合だってある。しかし新しい認知症ケアの理念は、そうした自らの思いを語れない（とされる）患者に対しても、相手の人生を参照したはたらきかけをするように介護者たちに求める。こちらのはたらきかけ次第で、患者の思いがけない能力が発揮されたり、楽しい思い出が蘇ったりするかもしれないと、私たちは想定しなければならない。Nの、患者は「できなくなったのかと思っていたら、能力が眠っていたりする」という言葉は、そうした文脈のもとにある。

そうした状況で、特徴的な場面が生じる。それは、患者の家族が、患者の人生を知るはずの人（たち）として、介護において極めて重要な役割を占めることになる場面だ。Lとその家族の事例に戻ろう。確かに、施設職員はLと日常的に接し、また技術も家族より優れているかもしれない。しかしLの人生は、他ならぬ彼女の家族こそが良く知っている（はずの）ものだ。次のようなやり取りが、ある日の昼食前に見られた。

この日、午前一一時を過ぎて施設についたMが、食堂でLにあいさつをしていると、男性職員から「［Lが］朝食のオレンジを残していたようです」と報告を受けた。

これに対しMは、「あ、それは食べたことがないからかも知れないですね」と答えた。彼は、数年前の敬老の日、施設で出された弁当を例にとる。「ハマチとかの刺身はパクパク食べていたのに、サーモンの刺身は残していたんですよ。昔食べたものの味は受け入れてくれるみたいだけど、新しいものにチャレンジしようという気はなかなか湧いてこないみたいで。だからオレンジも、ミカンだったら食べたかもしれない」。
（Field note 2013.3.23）

ここでもLの食べ残しは、（前節で見たワカサギの食べ残し同様に）当然の反応とされる。食べ残しがトラブルになりうるからこそ、職員はあえてMにこれを報告する。しかし、Mはそれをどうしようもないこととして、それ以上のはたらきかけを職員に求めはしない。ここでも、自分がなぜオレンジを残したのか、Lは一言も答えていない。しかしMはそれを、「新しいもの」すなわち、食べ慣れていないものを食べさせられたからだと説明する。

こうして家族は、Lの人生を参照し、はたらきかけとその限界を設定する。それは職員にはできない、いわば家族としての特権的知識に依拠して組み立てられる。

そのため、介護専門職がより積極的に、家族への聞き取りを行うこともある。音楽療法士Yによる、ある患者（女性・七〇代）への個人セッションを紹介しよう。この患者は、Yが勤務する介護施設に入所中だった。この患者は重度の認知症で、しかも失語状態にあった。そんな彼女に対し、Yは毎回、美空ひばりの「愛燦燦《あいさんさん》」を歌いかけていた。では、なぜ美空ひばり、しかも「愛燦燦」なのか。それはYが事前に、患者の夫に、「奥さまはどんな曲が好きでしたか」と問い合わせ、夫から「「愛燦燦」です」という連絡があったからだ。そして、その「愛燦燦」の演奏中、患者が声をあげる、ときには涙を流す、といった場面があった。そうした場面を、Yあるいは（セッションに合わせて来所した）入所者の夫は、失語状態の彼女が、かつて好きだった歌に反応してくれたと、高く評価していた（夫は、思わず涙ぐむ場面すらあった)。こうした懐かしい曲への反応を得るためには、何がその入所者にとって懐かしい曲か、知らねばならない。そのためにYは、曲の好みを(家族がいるなら)家族に聞くという作業を、自身の仕事に組み込んでいる。

こうして、仮に在宅介護をしていなくても、患者の家族は患者の人生を知るはずの人(たち)として、介護に関与することになる。

介護者の技術という問題

しかしここで注意したいのは、いくら患者の人生に基づいたはたらきかけだったとしても、それが全て「良い介護」と評価されるとは限らないことだ。例えば前項で見た、Lに対する食事介助の事例は、次のように展開した。

その後昼食が出される。メニューは、かに玉(添え物にトマト)、カボチャの煮物、茄子といんげん豆のみそ汁、ご飯、そしてオレンジゼリーという組み合わせだった。

Mは「食べさせても良いですか?」と職員の男性に食事介助を申し出、了承される。そして「好きだったから」とカボチャを一口食べさせるが、Lは以降口を閉じたままになる。カボチャを「飲みこめていない」ことに気づき、みそ汁を口元に持っていくが、やはり開かない。三〇分ほど取り組むも食事は進まず、Lにカボチャを吐き出してもらって、職員に介助を代わってもらう。

Mはこのとき、Lが吐き出したカボチャが皮に近く繊維質だったことに気がつく。

職員も、「繊維質だと、飲み込むのが難しいみたい」とLの特徴を語る。その上で、「飲み込んでないと、口を開けてくれない」「スプーンを顔に近づけるだけだと、彼女はあごを上げてしまってかえって食べにくくなる」「〔だから〕スプーンは唇にくっつけてしまう」、要は「コツがいる」のだと注意点を語る。その上で、カボチャは繊維を絶つようにスプーンで砕いてしまい、彼女の口に運ぶ。結局、職員の介助でLは食事をほぼ完食する。

これを見ていたMは職員に、「あー、繊維があたったから、〔朝食の〕オレンジも食べなかったのかも知れないですね」と語った。

(Field note 2013.3.23)

ここで、なぜLは朝食のオレンジを残したのかを巡る、オレンジ、サーモン、カボチャの位置づけの変化に注意したい。先ほどの議論を振り返る。当初のMの解釈は、食べ慣れていないからだ、というものだった。「新しいものにチャレンジしようという気はなかなか湧いてこない」すなわち、以前弁当に入っていたサーモンの刺身に対するのと同じ反応であり、当然だというわけだ。これは、Lの人生と、現在の反応を結びつけた解釈だといえる。

ところが訂正後のMの解釈では、オレンジに繊維が目立ったからだろう、とされる。Lは繊維質だと、好きだったはずのカボチャすら食べられない。それは、MがLに食事を食べさせられない一方、男性職員が繊維を断ちながらカボチャを食べさせてみせることで、端的に示される。すると、オレンジを食べないことはLの人生と結びつけるのではなく、食物繊維や食事介助のコツ〔技術〕の問題と結びつけて解釈されるべきだとなる。オレンジは当初、「食べ慣れていないもの」としてサーモンと同じグループに入れられた。そのとき、例えばカボチャは「食べ慣れているもの」として、オレンジと対置される。しかし今や、繊維の目立つものとして、カボチャとオレンジは同じグループに入れられる。そしてMは、Lの反応からはたらきかけの限界を設定した自らの解釈が「誤り」だったことに気づく。ここで問題は、「新しいものにチャレンジしようという気はなかなか湧いてこない」Lの側ではなく、「繊維があたった」のに断ってやれなかったMにあったのだと、再定式化される。

介護者のはたらきかけと患者の見せる顔

つまり、はたらきかけの良し悪しは、あくまで認知症患者から得られた反応から評価されるのだと指摘できる。家族は自分たち独自のはたらきかけを、相手の人生を参照することで構成する。それは、いわば家族としての特権的知識に依拠したものだった。しかしそこで家族は、自分たちのはたらきかけを絶対に正しいものとみなすわけではない。「食べない」よりは、「食べる」方が望ましい。こうして、より望ましい反応を得ることができた専門職のはたらきかけの方が、「良い介護」だったとみなされる。

逆に言えば、いくら相手に対する深い知識に基づいていたとしても、望ましい反応が得られなければ、そのはたらきかけが良かったとはみなされない。例えば、息子であるMは母Lの食習慣を把握している。同じ家族でもNとOは彼女のかつての食習慣を知らないし、もちろん施設職員も同様だ。しかし、Mが食事介助において絶対的な立場にあるかといえば、そうではない。それは先ほどの事例が端的に示している。食事介助のコツを知っている職員の方が、Lの反応を上手く引き出してみせた。

散歩時，L に話しかける MN 夫妻

望ましい反応が得られた以上、職員のはたらきかけの方が良かったのだ。

こうした、はたらきかけの技術の問題は、家族―職員間に存在する、いわば専門性の問題に留まらない。それは、家族間にも存在する。例えば、Nは歌が上手く、Lに歌いかけることができる。一方、Mは歌が下手で、そうしたはたらきかけができない。あるいは、Nは花の名前に詳しく、散歩時にLに花に関して話しかけることができる。一方、Mは花の名前を知らないので、散歩時の話題も限られる。とすれば、いくらLの好きな歌や好きな花について知っていても、MはLから反応を得ることができない。

ここから、はたらきかけ次第でLの見せる顔が違うという問題が、家族間さらには施設職員の間でも、共有されることになる。例えば、Mが野菜の話をすると、「Lがあんなに生き生きと話をしていた」とNやOが驚く。あるいは、Nが歌いかけ、Lと合唱した場面を形容し、「Lがあんなに大きな声で歌えるとは思っていなかった」と職員が驚く。さらにMが、「自分もNのように歌が上手かったらなぁ」と反省する。Lは確かに、「その場の状況や人間関係によって様ざまな反応」をするのだ。こうして、誰がLの人生を参照できるのか、どうやったら望ましい反応が得られるのか、という問題が、家族間さらには職員も巻き込んで共有される。さらに、家族や職員の間で、介護者の側のはたらきかけ次第で、Lの見せる顔は異なりうるという共通理解が成立する。

5　患者本人による人生の意味づけ

前節では、家族のはたらきかけが患者の人生を参照して行われること、そして患者の人生は家族の特権的知識として介護現場で扱われること、ただし患者へのはたらきかけの良し悪しは望ましい反応が得られたかどうかで判断されること、この三点を述べた。

そこで本節で議論したいのは、その反応の望ましさがいったい何に基づいて判断されるのかだ。もちろん、「食べない」よりも「食べる」方が、同じ「声を出す」にしても「より大きな声を出す」方が、常識的に考えて望ましい。こうした常識的判断がなされていることは、前節で扱った事例から読み取れる。

一方で、「息子の名前を間違えること」「昔話をしないこと」といった一見望ましくない反応（あるいは反応のなさ）しか得られない場合でも、家族が好意的な解釈をしたり、あるいは解釈に迷ったりする場合がある。そうした事態は、反応の望ましさを、L本人による人生への意味づけと関連づけて考えざるを得ないとき、現れることになる。

規則的な呼び間違い

Lは施設に入所してから、Mのことを一貫して「Zさん」と呼び続けていた。MとLが一緒に写っている、認知症発症前の家族写真を見せ、M自身が彼女に話しかけた場合でも、呼びかけは必ず「Zさん」であった。「Zさん」とは、Lの実家の次男にあたり、Lから見ると二番目の弟であった。Mが訂正しても、Lは彼のことを「Zさん」と呼び続けた（Video 2011.1.9ほか)。

これは、MがZではない以上、呼びかけとしては誤りだ。しかしこの呼びかけを、Mらは肯定的に評価していた。いわば、望ましい反応とみなしていたのだ。

このLの呼びかけを、Mらは次の二点から評価していた。第一に、LがMをZと誤認する際の規則性について、第二に、Lがそれぞれとの人間関係に与えていた意味づけについてだ。

第一に、Lが規則的に誤っているという点。これは、訪問時に必ず、あるいは本人だけでなく写真を見せても、LがMのことを一貫して「Zさん」と呼んでいた点に留まらない。MとZが共に、兄弟で上から数えて二番目の男の子であることにも、注意したい。この二人はLから見て、息子と弟という違いはあれ、兄弟で上から数えて二番目の男の子という点では、共通している。彼女は、確かにMのことを呼び間違えているが、それはきちんと規則に則っている。とすれば、これはむしろ彼女の知的な能力の高さと考えられるのではないか。

第二に、L自身による人間関係の意味づけという点。LとZの関係は、彼女が「嫁いで」実家を出るまで、また「嫁いだ」後も極めて良好で、非常に仲が良いことが知られていた。そのZの名前でMが呼ばれ続けるということは、すなわち「少なくともこの人〔M〕が自分にとって大切な人だと認識してくれている」あるいは「それぐらい信頼してくれている」ということの表れなのではないか（Field note 2013.3.23）。

この二つの点から、Lの呼び間違いはむしろ、望ましい反応と評価される。彼女は（息子と弟は取り違えているが、）家族内での男の子の順番はわかっている上に、「自分にとって大切な人」だという意味づけも保持できているのだ、と。

注意したいのは、このLによる人生の意味づけが、本人に聞けばわかるものとしては扱われてはいない点だ。彼女自身はここで、Zと自分の関係が良かったとも悪かったとも、特に述べてはいない。つまり、ここで本人による意味づけと呼んでいるものは、認知症発症前に彼女自身が何を語っていたか、それが彼女にとってどのようなライフイベントであったかなどから、家族らが解釈したものだ。そしてこのことが、別の問題を生み出す。Lから得られた反応が予想と違ったとき、自分たちがLの人生をどう解釈していたのか、その意味づけが間違っていたのではないかと、家族が考えざるを得ない場面が生じるのだ。

ラブホテルでの仕事体験

例えばNらがLに、「そういえば、おばあちゃん、昔よそで働いていたときがあったよね？」と話しかけた場面があった。ここで彼女たちは、三〇年以上前、誰にも連絡しないままにLが家出して、都市部のラブホテルで住み込みをしていた時期に言及している。夫の横暴に耐えかねていたLは、五〇代を迎えるころにいわば自立して、それまで農家でしか働いたことがなかったのに都市部に出かけ、新しい仕事についてはじめて賃金を稼いだ。この頃、ちょうどNはOを出産しようとしていたのだが、職場から病院に立ち寄ったLが稼いだばかりの一万円札を置いていったのを印象的に覚えているという。Lはしばらく後に家に戻ることになるのだが、その「実力行使」を経ることで、夫婦関係も改善されたという。つまりこれは、「自立」「自由さ」につながる象徴的なエピソードとして、Nたちからは捉えられていたのだ（Field note 2011.4.30）。

ただこの話題に対して、Lは「さぁ」「よそで働いたことはありませんね」などとしか返事をしなかった。Nらは、Lが少なくとも喜んでくれる、場合によれば自慢話をしてくれるのではないかと期待していた。しかしながら、そうした反応は得られなかった。

では彼女は、単にこのエピソードを忘れてしまったのだろうか。ここで問題になったのが、L自身がこのエピソードをどう意味づけていたのか、わからないという点だ。彼女が働いていたのは、「ラブホテル」であった。さらにそこで働くきっかけも、「夫婦げんか」さらには「家出」といったものだ。いずれも「世間一般の感覚」からすると、必ずしも全面的に肯定される話ではない。ではもしLが、この自分の体験を否定的に捉えていたとすればどうか。話したくもない／思い出したくもない体験だったとすれば、この話題に答えようとしないのは、当然の反応だといえる。そして、そんなエピソードを聞き出そうとすれば、それは不適切なはたらきかけ、つまり、やってはいけないこととなりうる。

長男の存在

同様の問題がMの兄つまり、Lの長男を巡っても起こった。MはLに対し、「最近の〔長男の名前〕さんだけど、どうしているか知っている?」などとしばしば話しかけていた。しかしこれに対しLは、

「さぁ」「わからん」などとしか返事をしない日が続いていた。極端な場合には、Mから「子どもは何人だっけ?」とたずねられても、「一人」としか回答しない日もあった。自分の長男の存在を忘れてしまっているとすれば、これは全く望ましい反応ではない。

ただここでも、Lが長男との関係をどう意味づけていたのかが問題となった。Lと長男の間では、Lの夫（すなわちM兄弟の父）が亡くなった際、遺産相続を巡って激しい争いが生じ、訴訟にまで発展していた。とすれば、長男に対して非常に悪い印象を持っている、いわば彼を、話したくもない／思い出したくもない存在として認識していた可能性もある。Mとすれば、Lになんとか長男の話をしてみようとする。思い出話などが引き出せるかもしれないし、近況も伝えておいた方が良いだろう。しかし、もしLが彼のことを非常に否定的に捉えていたとすれば、彼について何も語ろうとしないのも当然の反応だといえる。

人生に対する意味づけが、Lと自分たちの間で異なっていた可能性を、家族は念頭に置かざるを得ない。「家出してラブホテルで働く」のは彼女にとって「自立」の象徴だったのか、それとも「恥ずかしい」エピソードだったのか。「長男」は、「かわいい子ども」だったのか、それとも「夫の遺産を巡って訴訟を争った相手」だったのか。もちろんいずれの場合も、どちらかはっきりと分けて考えられるものでもないだろう。しかし、その彼女自身の意味づけ次第で、今現在の「さぁ」「分かりません」といった反応の捉え方も変わりうる。家族は、Lの人生を参照しながらはたらきかけを行なう。ところがその準拠点たる、L自身による人生の意味づけを確定できないことに、家族は直面する。彼女は、自分たちとは違う意味づけをしていたのか、それとも忘れてしまったのか。では、自分たちが引き出した反応は、望ましいものだったのか。自分たちのはたらきかけは、適切なものだったのか。――家族は、こうした答えの出ない問題を前に、悩むことになる。

介護家族は、自分（たち）のはたらきかけへの反応から、患者とのあいだに「自他の境界」が存在することに、あらためて直面するのだ。

6　家族による人生の再構築

Lは、自分たち家族が思っていたような経験をしたのではないかもしれない。――前節でみた事例は、こうまとめられるだろう。家出してラブホテルで働くのは、自立の経験というよりも、言いたくない経験だったのかもしれない。家族は、そうした問題に直面する。ただしそれはあくまで、かもしれないという可能性の問題として理解されていた。

一緒に歌を歌う

しかし、はたらきかけを通じてより端的に、Lが自分たちの知らない経験をしていたと発見される場合がある。Lと一緒に歌を歌うという、Nのはたらきかけを例にとろう。これは、Nが特に試みていることで、「〔同じく認知症を患う〕自分の母も好きなので、同じようにやってみようと思って」、二〇一二年の春頃より継続している。このときNはまず、Lがファンだった五木ひろしの代表曲を、一緒に歌おうと試みる。しかし「大ファンだったはずなのに、全然反応がなかった」（Field note 2012.11.

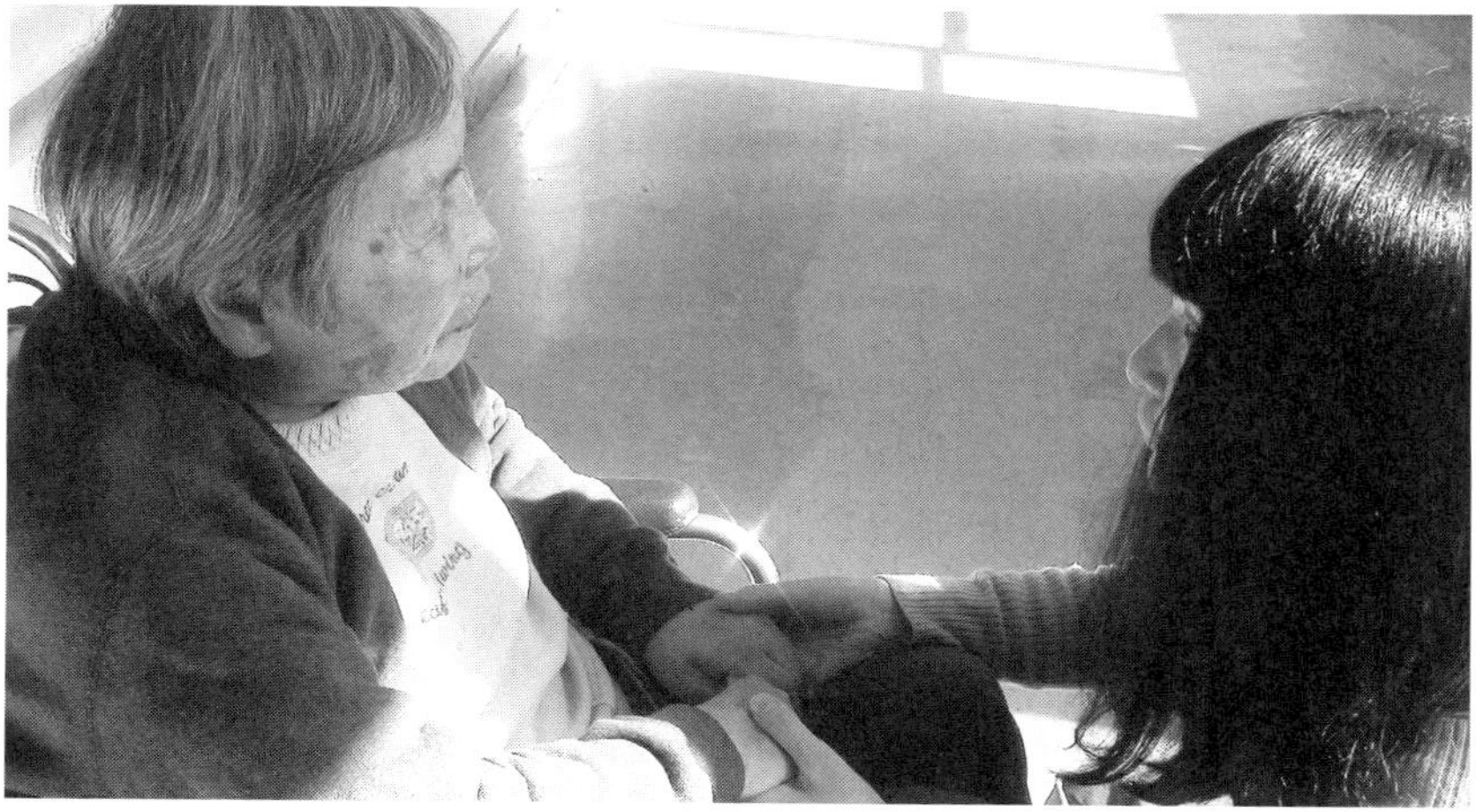

義母Lに歌いかけるN

17）。そこで試しに、「海」や「茶摘み」といった童謡や唱歌を歌いかけてみたところ、楽しそうに一緒に歌い始めた。職員に聞いても「良い表情で歌っている」。しかし、このはたらきかけの成功が、Nに別の問題を提示することになる。

N：〔Lは歌を〕一体、どこで覚えたんだろう、って。私の母も、歌を歌うのは好きなんだけど、それは女学校に通ったり合唱隊に入っていたりしたからで。けど、Lさんは女学校にも通っていないし、合唱隊にも通っていない。（Field note 2012.11.17）

ここでNは、自分たち家族がはたらきかけの基準となるはずのLの人生を、把握し切れていないという問題に直面する。Lが自分の歌に合わせて歌っている。とすれば、Lは何かを思い出したに違いない。しかし反応を予想していた五木ひろしには無反応で、童謡や唱歌に予想外の反応があった。彼女は五木ひろしを、実はそれほど好きではなかったのか。あるいは童謡や唱歌は、どこで習っていたのか——Nがここで、女学校及び合唱隊出身である自身の母と比較して、Lが童謡や唱歌を習った場所と時期を把握できないと気がついたことにも注目できる。農家出身のLには、そうした教育機会はないものと思っていた。しかしLの反応は、そうした想定されていなかった過去のエピソードが、彼女には実はあったのだと示すものとして理解される。

「忘れちゃった」のは家族の方

ここから、さらに特徴的な事態が生じる。はたらきかけで得られたLの反応を通じて、彼女とその家族の人生が再構築されるのだ。

> **N**：Lさん、子守唄を歌うと、よく一緒に歌ってくれるんだよ。だからMさんに、「昔はよく歌ってくれたの?」って聞いたら、〔Mは〕「覚えていないなぁ」って。〔私は〕「忘れちゃったんだよ」って。
>
> （Field note 2012.11.17）

ここでは、子守唄を歌うというLの反応が、二人は親子なのだから、Lは当然、かつてMに歌っていたはずだ、と規範的に結びつけられていることに注意したい。このMN夫妻の論理を、少し丁寧に追って行こう。まずLが、Nの歌う子守唄に声を合わせて歌う。この反応は、Lの何らかの人生を反映しているはずだ。そして子守唄は、子どもに聞かせるものであり、LとMは親子関係にある。だからこれは、かつてLがMに歌って聞かせていた歌であったはずだ。にもかかわらずMには、その記憶がない。だとすればそれは、Mが「忘れちゃった」のに違いない。——子守唄を歌うというLの反応から、あったはずの親子の過去のエピソードが想定される。Lは、いつ、どこで覚えたとも、Mに歌ったとも言っていない。しかし今や、「覚えていない」のはMの側なのだ。

こうして、Lの人生は再構築されることになる。彼女の人生は、家族のはたらきかけの基準であるだけではない。そのはたらきかけを通じ、書き換えられもする。ここに、患者の反応と患者の人生との相互反映性（reflexivity）が指摘できる。Lの人生が現在の反応のあり方を規定しているだけではない。一方で、Lの現在の反応から、彼女の人生が遡及的に設定される。両者は、相互反映的な関係にあるのだ。

7　専門的知識が求める日常的知識

介護家族にとって、より良い介護とはどのように達成されるのか。本章では冒頭、このように問いを立てた。介護家族は現在、認知症患者を相互作用の主体と表象する、新しい認知症ケアのもとにある。そして、その理念のもとで彼らは、「世話や対応などの行為」を積極的に行う。本章は、はたらきかけというキーワードを導入し、そうした状況で介護家族が体験する試行錯誤、すなわち自分たちが提供した介護は良かったのかを振り返る反省的なプロセスに、注目してきた。

本章が明らかにしたのは、認知症患者の人生が、より良い介護を達成するための重要な基準として、介護現場で参照されていることだ。序章でも論じた通り、例えばキットウッドが患者の「ライフヒストリー」（Kitwood 1997=2005）を、あるいは小澤が患者の「人生が透けて見えるようなかかわり」を重視するように、新しい認知症ケアのもとでは、患者の過去が相手のその人らしさを保つ上で、極めて重要な要素と捉えられる。そして患者の人生は介護現場において、介護家族のいわば特権的知識として扱われる。介護に参加する他のアクター（施設職員などの介護専門職など）と比べて、それは介護家族こそが知っているはずのものだった。医学的な専門的議論が、患者の人生という日常的知識を要請する中で、介護家族が一種の特権的な立場に立たされていく——本章はこうしたメカニズムを指摘した。

しかし本章は同じく、患者の人生を参照しさえすれば、それで良い介護が達成されたとみなされるわけではないと指摘した。介護で重要なのは、そのはたらきかけによって患者から望ましい反応を得られるかどうかだった。例えば食事介助を巡る事例のように、いかに相手の人生を尊重したかというよりも、介護者にどれだけ技術があったかが重要な場面もある。こうして介護家族は、患者の反応を見ながら、自分たちの介護の良し悪しを反省していくことになる。

そうした反省的プロセスのなかで、特徴的な事態が生じる。例えば、患者本人による人生の意味づけの問題だ。患者本人が過去をどう意味づけていたか次第で、現在の反応をどう解釈すべきか、解釈の枠組みが変わることがある。しかし、家族として患者の人生にどんなエピソードがあったかは把握していても、本人が個々のエピソードをどう意味づけていたかまで、把握しているだろうか。それを把握しているとは言い切れないからこそ、家族はときに悩みを抱える。さらに問題は、意味づけの範囲に留まらない。患者本人の現在の反応から、介護家族が想定していなかったエピソードが、実は過去に経験していたこととして、再構築されることとすらある。その場合、何かを忘れていたのはむしろ、家族の方だったのだと結論づけられた。

患者の人生を構成する目的

井上俊はかつて、私たちの「人生」を、「語りながら理解し、構成し、意味づけていく」、一種の「物語」として分析した（井上 1996）。彼が強調したのは、人は「簡単には納得しがたいような状況」に置かれたとき、物語を構成する必要に特に迫られるという点だった。井上はその例として、特攻隊員や戦没学生など、戦争の中で死にゆく人びとの手記を挙げ、彼らがいかに「自分の人生を自分自身に納得させる」のかを検討している。

坂田勝彦も、この井上を先行研究としながら、ハンセン病療養所での元患者たちへのインタビューデータや手記を分析している（坂田 2012）。戦前からの隔離政策、戦後の高度経済成長などの社会環境の激変を経て、患者それぞれは自らの人生を「ある有意味なまとまりをもつものとして構成」し、「過去の自分と現在の自分」を結びつける必要に直面した。

井上や坂田が強調するのは、「談話」（discourse）としての人生（Plath 1980=1985）の機能である。私たちはしばしば、自らが成熟していく道筋を他者に語り、承認させることで、自分の存在を受け入れてもらおう、認めてもらおうとする。

こうしたライフヒストリー研究を補助線にしたとき、本章の知見はどのように展開できるだろうか。

まずここで検討している認知症家族介護が、「簡単には納得しがたいような状況」であることを確認しよう。本章でみたLのように、誰かが「ゆるやかに」しかし確実に「坂を下っていく」状態になってしまうことは、（本人はもちろん）周囲の家族にとっても「簡単には納得しがたい」。そうした状況で介護家族は、患者の人生を「理解し、構成し、意味づけていく」ことを試みていた。

しかし、介護家族が認知症患者の人生を構成する目的は、「自分自身に納得させる」ためではない。介護家族は、より良いケアを患者に提供するために、相手がこれまでにどんな人生を歩んできたのかを参照しようとする。つまり介護家族が患者の人生を「理解し、構成し、意味づけていく」ことを試みるのは、新しい認知症ケアの枠組みの中で、より良い介護を目指すからこそなのだ。

認知症に関わる医療・介護専門職は、患者個々人の「その人らしさ」の尊重を求め、患者の状態が「関係性のなかで多彩に変わる」ことを強調していた。そこで介護家族は、患者の人生を知る特権的な存在として自らを位置づけ、積極的に介護に参加する。この文脈において、患者の人生は家族によって積極的に物語られ、再構築されることになる。

認知症に関する専門的知識が、患者のために、患者の人生に関する日常的知識を求めている。そうした状況で、介護家族が「談話」（discourse）としての人生を、患者のために物語っている。この専門的知識と日常的知識との結びつきを、私たちは再び、認知症家族介護の特徴として確認できる。

自分たちは本当に相手のことを知っているのか

そして、この新しい認知症ケアのあり方には、常に介護家族に反省を迫るメカニズムが組み込まれている。患者の状態が「関係性のなかで多彩に変わる」ならば、別の誰かが別のはたらきかけをすれば、患者からさらに良い反応が返ってくるかもしれない。あるいはそのことによって、「良かれ」と思ってやっていた自分たちのはたらきかけが、実は悪かったことが判明するかもしれない。そうしてはたらきかけが揺れるプロセスは、本章で検討した通りだ。

ここで重要なことは、「関係性のなかで多彩に変わる」患者像が、介護家族によって日々実感されているということだ。自分たちでは食べさせられなかったものを、専門職なら食べさせられた。専門職の前では声の小さいおばあさんが、自分たちが歌いかけると大声で歌ってくれた。――こうした日々の積み重ねの中で、新しい認知症ケアの理念と、相互作用の主体という認知症患者の表象は裏付けられ、介護家族はますます、自分たちのはたらきかけのあり方を反省する。はたらきかけの基準であったはずの患者の人生が、現在の反応から遡及的に再構築された場面は、そうして反省を積み重ねるプロセスが行き着いた、一つの特徴的帰結といえよう。

介護家族は、自分たちが依って立っていたはずの基準さえも、自分たちは本当に相手のことを知っているのかと、反省的に検討しているのだ。

コラム③

「一人ひとりの思いと力」を見つけること

この3章で分析した調査の後、Lさんがどういう生活を送っているか、紹介したい。Lさんはその後、肺炎を患い、嚥下が困難になった。入院先で医師から、胃ろうを造設しなければ生活はできない、と説明された次男Mさんは、胃ろうをすることは自然な姿なのかと、一時深く悩んだという。しかし、嚥下機能以外は保たれているという検査結果や、X苑のスタッフが受け入れ体制を整えたこと、そしてNさんらの意見（「Lさんにとって、口から食事をとることだけが楽しみではないはず」等）もあり、結局胃ろうを造設することになった。

胃ろう造設を含め、いわゆる延命医療の是非は、個別のケースごとに様ざまだ。しかしLさんの場合、彼女を取り巻く介護者たちは、現状を肯定的に捉えている。入院後は発語もなくなったLさんだが、それでも、介護者たちが「イエス／ノー」で返せる質問をすると、うなずいたり、首を振ったりする程度には回復した。

ある日、こんなことがあったという。Nさんが見舞い中、Lさんにとりとめもなく話しかけていた。彼女のベッドサイドにアルバムがあったので手に取ると、施設に入所してからの懐かしい写真（両足で立てる頃の記念撮影、遠足の風景、料理中の様子など）が収められていた。Nさんはそれを Lさんに見せながら、反応を求めるでもなく写真をめくっていた。そして何気なく、『思い出のアルバム』の一節を口ずさんでみた（「いつのことだか、思い出してごらん」）。するとLさんの左目から、スーッと涙が流れた。

「生理的な反応かも知れないけど、あまりにもなタイミングだったし、理解してるんだな、と思わされた」とNさんは言う。今は言葉を発せなくなったLさんに、何がどこまで見えているのか、こちらの言葉が届いているのか、判断が難しい。しかし、自分たちの言葉はやはり届いているのだ、と思わされたという。

Lさんはかつてであれば、まるで人間でなくなったような目で見られ、死ぬに任せられていた存在となっていたかもしれない。それが今や、介護者たちの中心で、しっかりと生き続けている。

Lさんはもはや、話すことはできないが、一方で自らの思いを発信する認知症患者たちも多くいる。「認知症の本人からの提案」を紹介しよう。これは二〇一六年二月二五日、日本認知症ワーキンググループ（ＪＤＷＧ）が、厚生労働省老健局局長に提出した提言だ。このグループは、六五歳になるまでに認知症と診断された若年性認知症の人、その本人たちを中心に運営されている。

この提言は五項目からなり、その四項目めには「私たちをひとくくりにせず、一人ひとりの思いと力を活かしながら、よりよく暮らしていくためにお互いができることを見つけ、一緒に進んでいきましょう」とある。この本はＬさんのように、比較的症状の進行した高齢の患者の介護にテーマを絞っており、（例えば就労継続のような）若年性認知症の人たち特有の問題は扱えなかった。しかし、患者本人が自らの言葉で残した提言は、ここでも希望となる。

ここで、活かすべき「一人ひとりの思いと力」があるのは、症状が進行した認知症患者にとっても同じだと、強調しておきたい。高齢になり、症状が進行し、寝たきりになり、あるいは言葉が出なくなっても、それぞれの患者には必ず思いや力がある。

それは本章で見た通り、患者の周囲にいる介護者たちがはたらきかけを通じ、不断に発見しているものだ。この章で挙げた例は、非常に些細なものに見えるかもしれない。しかし何を食べたいか、何を歌いたいか、どんな話をしたいか――こうした場面で、患者「一人ひとりの思いと力」は間違いなく、介護者たちのはたらきかけを通じて発揮されていた。

こう考えると、「認知症の本人からの提案」にどう向き合うか、新しい認知症ケア時代にある私たちの社会には、一つの方向性が見えると思う。「あなたたちの症状がどれだけ進行しても、私たちは「一人ひとりの思いと力」を必ず見つけ出し、共に生きていきますよ。だから、安心してください」――私たちの社会はこう、メッセージを送り返す必要がある。それは、若年性認知症だけではない、症状が進行した高齢の患者を含め、全ての認知症の人たちへのメッセージとなるはずだ。

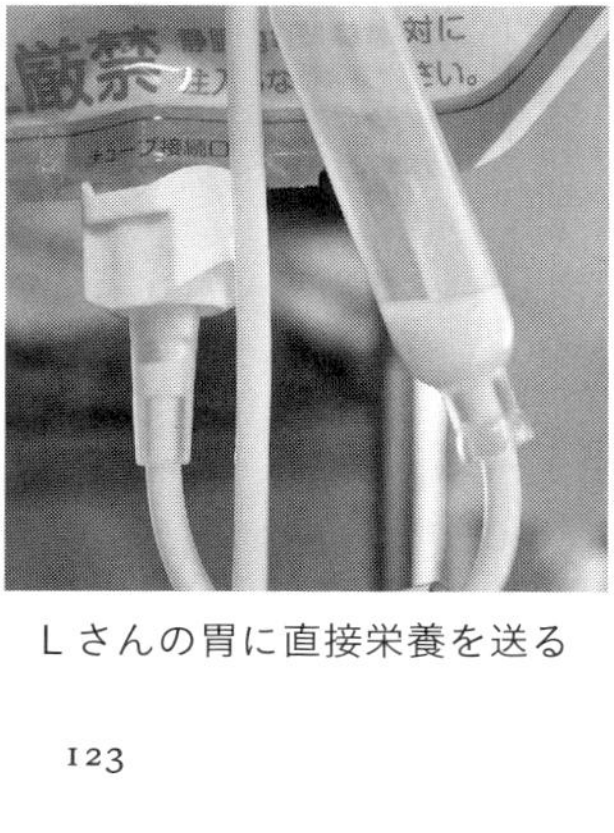

Ｌさんの胃に直接栄養を送る

4章 悩みを抱える／相談する

規範を再構築する

家族会Ⅵのつどいの様子

「それは絶対に言うたらアカン」。ある家族会で、ベテラン介護者が介護の若手（といっても七〇代の方だったが）にアドバイスするのを聞いて、私は認知症介護の厳しさと、不思議さを感じた。例えば、患者をバカにするような言動、子ども扱いするような言動なら、「それはアカン」のもよくわかる。ところがここで注意されていたのは、夫が夜中「(家の外を)タイヤが転がってきたので見に行く」というから「それは夢やから」となだめた、というエピソードだった。私はその場にいたわけではないが、普通タイヤなんて転がってくるはずもないし、妻の言うことの方が正しいはずだ。ところが家族会では、正しいことを指摘した側が、「絶対にアカン」と注意されている。なぜだろうか。

ベテラン介護者のアドバイスは、こう続いた。「それが認知症やから」――私たちはこのアドバイスの意味を、これから読み解いていくことになる。

1　家族会で相談する

前章では、自分たちの介護のあり方を反省する家族に注目し、分析を行った。そこで明らかになったのは、介護家族が良い介護の基準として、患者の人生を参照していることだった。認知症に関する専門的議論が、患者個々人のその人らしさの尊重を求めるなかで、患者の人生に関する日常的知識が要請される。

ただし介護家族は、患者の人生を参照した介護を提供しさえすればよいと考えているわけではなかった。例えば、前章4節で検討した食事介助の場面は、その一つだ。この場面で、MはLへの介助を施設職員に譲り、任せた。患者の反応に影響していたのは、患者の人生というよりもむしろ、食事介助の技術だと考えられたからだ。介護家族は、自分たちのはたらきかけに対して、患者がどのような反応を見せるかによって、その適切さを推し量っていく。

つまり介護家族は、患者の人生を参照するという認知症介護の枠組み自体を、ときに反省している。新しい認知症ケアを主導した精神科医の小澤勲は、序章でも引用した通り、介護者に対して「〈患者〉一人ひとりの人生が透けて見えるようなかかわり」を求める一方、それだけに偏れば「思いこみだけのケア」になると注意していた。彼が他方で強調したのは、「病を病として正確に見定めること」の重要性であり、その正確な理解と「人生が透けて見えるようなかかわり」を「統合すること」の大切さだった（小澤 2003: 195）。専門医だけではない、介護家族もまた、この「思いこみだけのケア」に陥ることを、避けようとしている。「一人ひとりの人生が透けて見えるようなかかわり」に偏ることの危険性を、介護家族もまた自覚しているのだ。

本章が問うのは、そうした反省を通じ、介護家族が認知症介護の規範を、どのように再構築するのかだ。そこで事例として、家族会の相談場面を検討する。序章でも説明した通り、家族会とは介護家族の自助グループである。それぞれの会で開催される「つどい」では、メンバーが抱えている悩みを、お互いに相談する時間が設けられている。メンバーは、介護に関して現在抱えている様ざまな「トラブル」（Emerson & Messinger 1977）を「なんとかする（remedy）」[1]ために、アドバイスを求めることができる。

「相手の過去の像」と距離を置く

この家族会のつどいを取り上げるのは、これが、家族がこれまでの介護のあり方を反省的に振り返る場面だと捉えられるからだ。同じく家族会のつどいを分析した井口高志の議論を、先行研究として紹介しよう（井口 2007: 第6章）。井口は、次のように指摘した。目の前の認知症患者の心身が変容していく中で、介護家族にとってポイントとなるのは、患者の意思やその振る舞いの意味を解釈すること、言わば「他者理解」である。井口は、この他者理解の支援こそ、家族会の重要な役割だと議論する。つどいでは、メンバーたちが個々の経験を話し合う。その個別の体験を、他のメンバーは、自分にも「起こっていた／起こりえたもの」だと確認し合い、「個別性の共通化」を図る。こうした共通化を基盤に、患者の振る舞いをどう理解すべきか、アドバイスがされる。

ここで井口が強調するのは、家族会のメンバーたちは、相談に来た介護家族とは違い、患者の「過去の像」に固定されない、「「適度な」自由度の解釈」（井口 2007: 236）が可能だという点だ。井口は次のように述べる。

> 会の参加者たちによる相手〔認知症患者〕の意志の解釈は、相手の過去の像に完全に縛られたものではない。もちろん、現実には、身体を介して相手とコミュニケーションをしている当の介護者からの、相手についての情報をもとに、相手の意志の解釈活動は行われる。そのため、その解釈の際には、家族介護者から見た相手の像が素材となるのは確かである。だが、周囲の参加者達は、それぞれの介護経験を解釈のための資源として用いるという点で、その情報の解釈について相対的な自由度を持っている。そして、その自由度により、介護者が単独で相手の内面について思い悩むよりも、相手の内面を別様に解釈する可能性に開かれているのである。（井口 2007: 228）

ここでいう「相手の過去の像に完全に縛られた」解釈とは、本書の言葉で言えば「患者の人生だけしか参照しない」解釈となり、小澤のいう「思いこみだけのケア」と言い換えられるだろう。このように井口の議論を参照することで、家族会をどのような場として捉えることができるか、示唆が得られる。それは、家族が自分たちの介護を批判的に振り返る場であり、そこでは、患者の人生を参照して相手にはたらきかけるという規範すらも反省される。そしてそれだけではなく、相談内容と同じようなことが次に起こったときにどう振る舞うべきか、別の可能性を提示する、言わば介護の規範を再構築する場としても理解できるのだ(2)。

ただしこの井口の議論には、二つの問題が指摘できる。

一つは、家族会でのアドバイスの自由度を制限する枠組みが、十分に検討されていない点だ。解釈の自由度と言っても、それは何でもありではないはずだ。実際、井口自身が「「適度な」自由度」とカッコ付きで記述していることからも、それがうかがえる。しかし、その解釈がどのような枠組みのもとになされているのか、十分には明らかにされていない(3)。

そしてもう一つの問題は、家族会で提示された別の解釈が、介護家族のどのようなはたらきかけにつながっていくのか、その関連が検討されていないことだ。介護家族は、ただ愚痴をこぼしたり、別の解釈を聞いたりするために、相談するわけではない。次に同じような問題が起こったときにどう対処すべきか、何がやって良いことで、何が悪いことなのか、新しいはたらきかけの枠組みを身につけることこそが、差し迫った問題であるはずだ。にもかかわらず、先行研究では規範の相対性が指摘されるに留まり、そこでどのような規範が再構築されているのか、検討されてこなかった(4)。

規範の再構築と患者のプロトタイプ

そこで本章は、次のように議論を進めていく。

まず、家族会の中で、認知症患者に対して何がやって良いこととして促され、また逆に何がやって悪いこととして戒められているのか、いくつかの項目に分けて分析する。家族会では相談に対して、他のメンバー(つまり他の介護家族)からしばしば、「その場合はこうすれば良い」「その場合ならこれはしてはいけない」と、具体的なアドバイスが寄せられる。以降の事例でも検討するように、やって良いことは積極的に促され、やって悪いことは厳しく戒められるのだ。そうした、つどいでの相談場面のあり方を踏まえながら、介護家族が認知症患者に対して、具体的にどのように振る舞うよう求められるのか、その規範の再構築過程を検討したい。

それに続けて、こうした家族会でのアドバイスの背景には、認知症患者の「プロトタイプ」(Hacking 1995=1998)、すなわち個別のケースを超えて参照される一種の典型的な患者像が存在することを指摘する。つまり、家族会におけるアドバイスの「適度」さ、あるいは「自由度」は、この認知症患者像と矛盾しない限り、認められることになる。家族会で再構築される認知症介護の規範と、会で共有される患者のプロトタイプは、お互いにお互いが支え合う(reflexive)関係にあるのだ(5)。

家族会とはどのような場か

ここで、調査対象の家族会について、簡単に説明する。私は一連の調査で七か所の家族会で参与観察を行っており、本章ではその過程で収集したデータを検討する。ここで、1章4節に掲載した表2「調査対象の家族会概要」を再度確認されたい。

各家族会には規模などで違いがあるが、いずれの会も毎月(あるいは隔月)で、「つどい」を開催している点では共通している。このつどいには、現在介護中でも看取り後であっても、希望するメンバー全員が参加できる。つどいの時間は、一回あたり二時間程度の場合がほとんどで、メンバーは机をロの字型に並べ、向かい合って着席することが多い。司会などは、各会の代表ら(看取り後のメンバーのことが多い）が務める。

このつどいでは、希望するメンバー全員が近況報告できる。基本的に、司会がその日の着席順に指名するのだが、時間に限りがあるため、看取り後の会員を除いて、現在介護中のメンバーに優先的に順番が割り当てられることが多い。メンバーはつどいで、必ずしもトラブルの報告や悩み相談をしなくてもよいのだが、実質的には悩み相談の時間として機能している。

もし、つどいで何らかの悩みをメンバーが相談した場合、現在介護中でも看取り後であっても、自分の経験からアドバイスできると考えたメンバーは、その場で自由に発言できる。各会には、中心メンバーや、場合によれば（医師などの）専門職が参加していることもあるが、必ずしも彼らが悩みに答えるわけではない。いずれの会も、「自分の経験が役に立ちそうだ」と思ったメンバーは、自由にアドバイスできる形式をとっていた。

以降本章は、この「つどい」で寄せられた認知症に関する相談とアドバイス、あるいはそうしたアドバイスを受けてどのように自分の介護方針が変わったかを介護家族が語っている場面を中心に、分析を進める。(6)

なお調査にあたっては、各会の代表を通じて調査目的を説明し、調査の許可を得た。調査内容に関しては、匿名化した上、学術目的で公表することの許可を得ている。

2　認知症概念に基づく責任の帰属

家族会のアドバイスでは、「相手は認知症なのだから」というカテゴリー化が、あえてなされることがある。この場合の「相手」とは、「奥さん」や「ご主人」、要するに「相談者がいま介護している相手（患者）」を指す。

これは小澤の表現を借りれば、「病を病として正確に見定めること」を介護家族の立場から試みる、特徴的な場面だといえる。こうしたアドバイスは、固有名をもった「相手の過去の像」からいったん距離を置き、認知症という病の特徴を踏まえて対応することを、相談者に勧める。では、こうしたアドバイスはいったい何をもたらすのか。まずはここから検討しよう。

典型的な助言

家族会内で、「相手は認知症なのだから」というカテゴリー化がされる場合に共通するのは、患者本人の免責だ。特に、会に参加して日の浅いメンバーからは、しばしば「なぜ自分の家族（配偶者など）はあんな仕打ちを私にするのか」という相談が寄せられる。こうした相談に対し他の（特にベテランの）メンバーは、「相手は認知症（患者）なのだから」と、「相手の過去の像」からいったん距離を置くように勧めるのだ。二〇一〇年の夏、家族会Ⅲに初めて参加したP（七〇代）は典型的な助言を受けた。担当ケアマネジャーに付き添われ参加した彼は、この日、次のような相談をした。軽度認知症の妻が深夜に「出かける」と言って玄関先に座り込む上、説得しても「口答え」する。そこで「つい手をあげて尻を叩く」が、それでも「口答え」する。しかも、何度飲ませても「お茶を出せ」と「命令」する。次のやり取りは、それに続く場面である。

Pは、「(妻に)「わしはお前の召使いじゃない!」って、言うのに、ちっとも聞かないんですよ」と続けた。「とにかく昔から口が達者で、なんでウチの家内はああなのか」と発言した。

この発言を受けて(略)メンバーのQは、「それは病気がさせているとしか言い様がない。病気になったら、それまでの人格とか一切関係ありませんよ! それはご主人が認知症という病気を知らなしゃあない」とアドバイスし、続けてRも「認知症をもっと勉強しないと」と畳み掛けた。

これを聞き、Pは「そうか、僕が勉強しないといけない、いうことなんですね」と同意し、隣に同席した担当ケアマネジャーに助言を求めた。

(Field note 2010.7.21)

この場面で家族会のメンバーたちは、認知症概念を使用することで、相談中の介護家族へトラブルをなんとかする責任を帰属し、逆に患者本人を免責した。相談を寄せたPにとって、トラブルを引き起こしているのは妻であり、「昔から口が達者」という彼女の性格に原因があった。これに対し他の家族会メンバーは「それは(認知症という)病気がさせている」と、つまり妻の性格に原因を求めてはいけないと、彼を戒める。その上で「認知症をもっと勉強しないと」と、妻ではなく、相談者であるP自身が対応を変えるべきなのだと促される。

患者本人の免責

この場面から、二つのことが言える。

第一に、家族会メンバーが、患者という人と認知症という病気を、分離するという論理をとっている点。Pはあくまで要介護者の性格にトラブルの原因を求めようとするが、他のメンバーは患者と認知症を分離し、認知症に原因を求めることでその原因追及を棚上げさせる(7)。

第二に、当初Pがトラブルの原因にこだわったのに対し、メンバーが問題視したのはトラブルをなんとかする責任であったという点。「あなたが介護している相手は病気なのだ」と強調することは、トラブルの原因追及を終えさせた（棚上げさせた）だけでなく、「病人はそのトラブルをなんとかすることはできない」という前提を確認させることになる。その上でこの場面では、家族であるPに、このトラブルをなんとかする責任が帰属された(8)。

注目したいのは、Pの提示した「昔から口が達者」という妻の性格、いわば彼女の人生に根差した解釈に、認知症概念が対置されていることだ。Pのように、患者の人生（妻の性格であり、その達者な口で夫が言い負かされてきた夫婦関係）に基づいた解釈を加えることは、一見すると新しい認知症ケア時代の正しい解釈のように思われる。またPの妻がどのような人生を歩んできたか知っているのは、この場ではPしかいない。妻の人生はPにとっての特権的知識だ。しかも、問題となった場面に実際に居合わせたのはPしかいない。しかし会のメンバーは、認知症概念を対置することで、Pの解釈を棄却する。つまり家族会内では、仮に初対面の相手に対してであっても、その個別の事情を越えて適用しうるだけの影響力をもって、認知症概念に基づく責任の帰属が行われている。

このように、「相手は認知症（患者）である」というカテゴリー化は、家族会内では、患者本人の免責を伴う。認知症概念を参照することで、患者本人はそのトラブルをなんとかすることはできないという前提が確認される。言い方を変えれば、患者本人にトラブルの原因を求めることは、悪いことなのだ。

さらにメンバーは、こうした相談の過程で「他ならぬ、あなたが対応を改めねば」と、新しい振る舞い方を身につけるよう促される場合がある。次節で検討する。

3　認知症概念がもたらす規範

それでは、介護場面でのトラブルに際し、介護家族はいったいどのように振る舞うべきだとされるのか。言い方を変えれば、家族会において、いったい何がやって良いことであり、いったい何が悪いことだと、アドバイスされるのだろうか。もちろん、個々の事例によってとるべき行動は異なるのだが、いくつかの項目に分けて、特徴的な方針を示すことは可能だ。

そこで本節は、認知症患者は、何をわかっているとされ、何をわかっていないとされるのかという軸にそって、トラブルに際しメンバーがとるべき（とされる）対応を整理する。以降の事例でみるように、メンバーは「認知症患者は○○をわかっている／わかっていない」という助言や整理を通じ、患者に残っている能力が何なのかを、そして自分たちにいかなる対応が求められているのかを確認していく。

家族会Ⅵの会長を務めるB（左）と家族会Ⅶの元副会長

否定しない／説得しない

家族会内では、患者の言動でトラブルが生じた際、患者の言うことを否定しない、あるいは説得しないという対処法が提示される。例えば、家族会Ⅵで夫の妄想について相談したSは、次のようなアドバイスを受けた。

> Sは「夫が「タイヤが転がってきたので見に行く」といって、夜中〔家を〕出て行こうとする。そうやって一晩中起きている」と相談を切り出した。「私も、何言ってるか全然わからない。（略）「もう、それは夢やから」っていうんやけど、聞かへん。何であんな大きな声を出すんでしょうね」。
>
> するとBがすかさず「それ〔「それは夢やから」〕は絶対に言うたらアカン。それが認知症やから」と注意した。（Field note 2009.3.11）

Bは自費出版した介護体験談の中で、このような否定しない／説得しないという形式のアドバイスは、自身がかつて家族会で受けた助言だと記している。彼女は、「説得は逆効果」という節を設け、そのことを説明している[9]。

このような対処法は、認知症患者の論理的思考能力の低下を前提としている。例えば家族会Ⅳでは、認知症を専門とする神経内科医が次のように講演した。

認知症の方にとって一番困るのは、物忘れではなく、理解、判断力の低下です。自分が認知症だと思わない。だから、メモ〔をとる〕などの対応策がとれない。（略）理屈にあったこと、我われにとって間違っていないこと、事実を説明するのが介護ではない。極端なことを言えば、間違ったことでも〔嘘をついてでも〕納得してもらうこと。怒ったり、叱ったりはダメなんです。

（Field note 2009.12.4）

つまり背景にあるのは、認知症患者に「それは妄想、と言っても伝わらない」（Field note 2010.2.5）という理解である。それゆえに、「理屈」や「間違っていないこと」、「事実」を「認知症の方」に突きつけることは、はっきりと禁止され、戒められている。この方針は家族会内で徹底されており、それをもとにさらに具体的な対処法が練られる(10)。

笑顔を浮かべる

一方で家族会では、前項と逆に、「認知症患者はわかっている」と強調される場面がある。それが、感情を巡る場面である。例えば、中等度認知症の妻を介護中のFは、ある家族会で「これ〔妻の暴言など〕はもう病気や〔から責めてはいけない〕」と注意を受けた後の自身の介護を、「ニコニコ方式」と評した。

Ｆ：わしも、ま、初めだけやったな、初めの一年か二年はしんどかったけどね。怒ったりな、注意したり、「なんでこんなことができへんねん！」って怒ったりしたけどな、「これはこんなん言うてもあかんな」って思ったら、病気やと思ったら、今はもうとにかく怒らんと、ニコニコ。ニコニコ方式でな。（略）あれはな、わかんねんで、感情はな、受け入れた感情は。

(Interview 2008.12.26)

相手が病気つまり認知症だからこそ、「ニコニコ方式」に移行する。それは、相手が感情をわかるからである。――同様の論理をＣはさらに詳細に説明している。重度認知症の夫を介護していた彼女は、自身の介護のポイントを次のように整理した。

Ｃ：で、私が気持ちよく優しくやると、もうね、同じように返ってきますから。「あ、イライラしてきたな。こりゃ、ちょっと声も怒り声になってきた」っていうのが、私の注意信号、自分自身の。注意信号でね、「何でこんなイライラして」〔と気づく〕。怒るようになるんですよ、（略）で、ね、優しく、もう本当に、気持ちが優しいときは、もう本当に優しく返ってくるんですよ。ほんで、できるだけ笑うようにしてるんですよ。ワーッとね、面白がって笑うと、同じように笑い顔でね、受けてくれますからね。もう、鏡みたいかなというね、そんな感じで。

(Interview 2008.12.18)

このように家族会ではしばしば、「患者に笑顔を浮かべなさい」というアドバイスがされる。ここには、二つの想定がみられる。第一に、患者が笑顔を笑顔として認識するという想定。第二に、笑顔は優しさを意味する、といった慣習的な理解を、患者も共有しているという想定である。(11) こうして彼らは、認知症患者に感情は伝わるという理解のもとでトラブルに対応するよう、促される。

4　認知症患者のプロトタイプ

悪意のない患者像

このように整理をすると、家族会内で参照される認知症概念が、ある患者像を一つのプロトタイプとしていることが指摘できる。それは、悪意のない患者像だ。このことは3節の議論と照らし合わせても明らかだろう。3節で家族会メンバーは、認知症概念を利用することで、患者本人の免責を徹底して行っていた。換言すれば、トラブルの原因を患者本人に求める推論は、「相手は認知症なのだから」というカテゴリー化によって徹底して拒否される。例えばBは自身の介護を振り返り、次のように記している。

> 夫七二歳、冬。この頃、説得や注意をすると、その時は知らん顔をしているが、夜中にものを壊したりしていた。シーツもひきさかれた。（略）
> ある日、いつものように洗濯のために着替えを手伝った。
> 「何をするんだ」と足で蹴られた。あなたに良かれと日々過ごしているのにと、くやしかった。首に手をかけた。（略）〔結局、首に手をかけたところで思いとどまる。〕

認知症は介護者を虐待する。介護はとても苦しい日々の連続だが、介護を受ける者がするのではなく、病気が介護者を虐待するのだ。
（匿名調査協力者 2008：23–24）

「介護を受ける者がするのではなく、病気が介護者を虐待するのだ」という言葉が象徴するように、Bはここで「介護を受ける者」と「病気」を切り離すという論理をとる。そして、「病気」すなわち認知症に、暴言や暴力の原因を求める。Bは、その理由を夫の悪意や敵意だとは捉えない。

患者との過去に原因があるのではない

このような認知症患者像が特徴的に働くのは、患者が暴力などに及んだ理由を、介護家族が自分たちのライフヒストリーと結びつけて解釈していた場合だ。例えばDは、実母の発症当初、彼女から手を挙げられることが度々重なった。「どうしてこうなったのか」と自問した彼女は、「思春期に原因があったのか」「きっと異常な親子関係なんやな」と、自分たちの過去に原因を求め、煩悶する日々だったという。こうした解釈は、患者の振る舞いの背景にその人の人生を想定するという意味で、新しい認知症ケア時代に適合的な解釈のようにも思える。

しかし、家族会で強調されるような、悪意のない患者像と対比させるとどうだろうか。もし、患者（母親）がDに恨みを抱いていて、いわば狙って暴力に至ったのだとすれば、患者の振る舞いの背景には悪意や敵意を想定せざるを得なくなる。つまり、そのような解釈は、家族会で強調される認知症患者のプロトタイプには、適合しない。

だからこそ、Dは当初の解釈を修正していくことになる。彼女は、認知症についてさらに専門書を読み込み、家族会でのつどいなどを通じて「学習」した後、次のように認識を変化させたと語った。

D：学習することによってわかって、私にこうやってあたったり叩いたりするのは、私の対応が悪いときとか、何気なく言ったことが腹立つとね、やっぱり感情がね、傷つくから。ま、そういうのが段々、原因もわかってきて、そしたら、自分自身にも寛容にもなるし。

(Interview 2009.1.11)

認知症患者に悪意はないが、感情は伝わる。だから、母親の暴力の原因は、例えばFの言う「ニコニコ方式」をとれない、Dの現在の対応の問題である。自分たちの過去に、つまり「思春期」や「親子関係」に原因があるのではない。このように、家族会などで学ぶことで、Dは「段々、原因もわかって」きたのだ。それは確かに、介護家族がそのトラブルをなんとかする責任を負っていくことでもある。

しかしそれは一方で、これまでの母と自分の人生を遡及的に振り返り、何か問題があったのではないかと煩悶する日々から、解放されることでもある。こうして、悪意のない患者像を学ぶことで、「自分自身にも寛容にもなる」ことができたのだ。

「介護を受ける者がするのではなく、病気が介護者を虐待するのだ」――このように、患者の振る舞いに悪意を想定しない理解は、認知症概念を学ぶことによって初めて可能になる。それによって認知症患者は、言わば無垢化された存在として、家族会メンバーの間で立ち現れる。

5　悩みのあり方の変化

もっとも、このように無垢な患者という理解を貫徹することには、かなりの困難が予想される。実際、「患者が暴言を吐くので、つい叱ってしまう」といったトラブルの相談は、調査中に数多く記録されている。とすれば、在宅介護の場では、本章でみた認知症患者を無垢化するプロセスが失敗し続けているとも解釈できる。家族会で同様の相談が続いているのはそのためだと考えるのが、妥当だろう。

しかしここで注意したいのは、家族会メンバーによる相談が、いかなる秩序を参照しているのか、という点だ。そもそも、メンバーが自分たちの介護を反省し、相談するのは、自分たちが介護で何か悪いことをしてしまった場合だ。彼らは、ある介護の進め方をやって良いことと捉える一方で、逆に何かを悪いことだと、秩序立てて区別している。では、そこにどのような区別が成立しているのだろうか。

ベテラン介護者の相談

相談場面を丁寧に検討すると、特にベテラン介護者の相談には、極めて特徴的な内容のものがあると指摘できる。例えば、ある日のT（七〇代）の相談を例にとろう。彼女は、中等度認知症の夫を在宅介護しながら、家族会Vに数年にわたって参加し続けていた。

Tは、「わかっているんですけどね、つい怒ってしまうんですよね。もう反省の毎日です。つい手も出てしまうし」と切り出した。夫が深夜目をさまし、二階に上がって荷物を「ゴソゴソやっている」。その音が大きいので、Tが目をさまして見に行くと、今度は一階に降りて、本を開いて「見ている」〔読んでいるようには思えないが、ページを開いてイスに座っている〕ということだった。

Tに対し、他のメンバーからは「けど、それは認知症がそうさせていると思って、絶対に怒ってはいけない」といったアドバイスや、「Tさんがよくやってるのはみんな知ってるから」といった労いの言葉が寄せられた。

(Field note 2010.2.16)

ここで注意したいのは、深夜に大きな音を出した相手を叱るのは、通常ならおかしくはない、という点だ。夫が深夜に起き出して、二階で大きな音を立てている。一階に降りてきてからも、謝るでもなく本を広げてイスに腰掛けている。これは、通常なら夫を叱っても良い場面のはずだ。それを反省する必要は、本来ない。

しかし家族会という場で、認知症概念を学んでいるからこそ、夫を叱るというTの振る舞いが、逆に規範からの逸脱行為として認識される。Tは夫の振る舞いに、彼女を困らせる意図があると解釈してはならず、それをあくまで病気の症状として、夫を免責しなければならないことを「わかっている」。理屈を言っても伝わらず、できれば笑顔を浮かべて対応すべきだとも「わかっている」。にもかかわらず、「つい怒ってしまった」。だからこそ、深夜に大きな音を出した夫を叱るという行為が、「わかっているんですけどね、つい怒ってしまう」というトラブルとして相談可能になる。「外出先で他人の荷物をもって行った夫を、つい怒ってしまった」(Field note 2009.2.17)、「昼夜問わずトイレにこもっている義母を「もう、何回行くねん！」とつい叱ってしまった」(Field note 2010.7.20) ——家族会内で典型的に聞かれる同型のトラブルについても、同じことがいえる。

家族会初参加者との違い

「わかっているんですけどね」と前置きされているのは、本章で検討してきた、認知症概念が家族会にもたらした秩序と規範である。

ここで、2節でみた家族会初参加のPと、本節でみたTの相談を比較したい。会に初参加のPは、「なんでウチの家内はああなのか」と妻の暴言をトラブルとして挙げていた。これに対しベテランメンバーのTは、夫の振る舞いだけでなく、「つい怒ってしまう」自身の対応もまた、トラブルとして報告している。

この違いをもたらしたのは、認知症患者を無垢化し徹底して免責する、認知症を巡る会の規範を身につけているか、いないかだと解釈できる。PとTのあいだでは、患者にやって良いことと悪いことの区別が、異なっているのだ。

その意味で、家族会のメンバーに認知症概念がどんな規範を課し、家族介護をどのように秩序立てたのかは、この「わかっているんですけどね」という形式の相談にこそ、端的に表れている。認知症概念がもたらす規範を、メンバーが気にかけ守るつもりがなければ、深夜に大きな音を出した夫を叱ることも、外出先で他人の荷物をもって行った夫を叱ることも、昼夜問わずトイレにこもっている義母に「もう、何回行くねん！」と叫んでしまうことも、やって良いことのはずだ。しかし、より良い介護家族であろうとすればこそ、そうやって叱ってしまったことが悪いこととして捉えられる。だからこそ、その規範に自らが沿えなかったことが、なんとかしなければならないこととして報告可能になる(12)。

こうして、家族会でのやり取りを通じ、メンバーの経験理解の仕方は変わっていくのだ。

6 「社会的なもの」としての家族会メンバーの悩み

本章は、患者の人生を参照するという認知症介護の枠組み自体を、介護家族が反省する場面として、家族会でのつどいを取り上げた。その中で、介護家族は認知症介護の規範をどのように再構築するのか、これまで議論してきた。

議論は、次のように展開した。家族会では、認知症介護に関連した様ざまなトラブルが相談される。そうした相談への答えとして、「相手は認知症なのだから」というカテゴリー化がなされる場合、患者本人の免責が徹底される。そして認知症患者は、悪意や敵意のない無垢な存在として表象される。そのため会のメンバーには、患者に理屈は通じないが感情はわかる、という前提のもとでの対応が促される。それにより、説得／否定の禁止と笑顔という、具体的な行動の指針が共有される。そして会のメンバーは、そうした規範を尊重しようとするがゆえに、そうした規範をわかっていても従えない場面では、今度はそのことを悩みとして抱えることになる。

ここから、二つのことを指摘したい。

一つは、本章で検討した家族会での実践は、介護家族として「病を病として正確に見定める」ためのものだったと言える点。小澤勲は、「一人ひとりの人生が透けて見えるようなかかわり」だけでなく、この「病を病として正確に見定めること」を、認知症ケアに求めていた。それは、相手の人生を参照することだけに偏った「思いこみだけのケア」を避けるためでもあった。実際、家族会内でのアドバイスはしばしば、患者の人生に基づいた解釈と対置されていた。例えば、妻の性格にトラブルの原因を求めていたPは、（認知症に関して）「僕が勉強しないといけない」と、今後の展望を語った。そして、家族会などを通じて学習したDは、母親の暴力は自分たちの親子関係が原因ではないと「段々」とわかってくることで、「自分自身にも寛容にもなる」ことができた。いずれにしても、患者の（あるいは自分たち家族の）人生を参照した解釈に限界を感じていた介護家族は、その「思いこみ」から脱したのだ。

そしてもう一つは、そうやって再構築された規範も、また別の形で介護家族の悩みを生むという点だ。これは、Tの「わかっているんですけどね、つい怒ってしまう」という相談に明らかだ。彼女が何を「わかっている」のかといえば、それは本章を通じて検討してきた、家族会で共有された規範、すなわち何が患者にやって良いことで何が悪いことなのか、その区別に他ならない。そうした規範は、個々の介護家族が当初抱えていた悩みに応えるはずのものであった。しかし、いくら良かれと思い、そうした規範に沿った介護を提供しようと思っても、それを完璧にこなすことはやはり難しい。こうして、「絶対に叱ってはいけないはずの相手を叱ってしまった」などと、新しい悩みが生まれることになる。

思いもよらなかった「罪」

人間について興味深い問いの多くは、「われわれがわざわざ選んでする行為、避けようとしている行為とはそれぞれ何か」「われわれはいかにして適切に振る舞おうとするのか、ないしは不適切な仕方で振る舞ってしまうのか」という問題に集約しうる

(Hacking 2002=2012: 117)

イアン・ハッキングはかつて、こう問いを立てた。彼が論じたのは、人間を分類する概念が、様ざまな「価値」を内包し、「すべきこととすべきでないこと」を提示しているということだった(Hacking 1999=2006: 284)。

本章もまた、社会学の概念分析の立場から、認知症という概念が家族会メンバーに「すべきこととすべきでないこと」を提示していると、明らかにしてきた。この概念を家族会内で学ぶことで、メンバーは新たな「経験や行為の可能性」(前田 2009)を手にした。

しかしこの可能性は、必ずしも前向きな、喜ばしい経験の可能性だけではない。ハッキングはこうも記している。

われわれはたいてい善いものとして見られたいし、また自分の罪を悪いものとして告白する。

（Hacking 1999=2006：284）

言い方を変えれば、ある概念を学ぶことで、私たちはそれまでに思いもよらなかった「罪」を犯す可能性も背負ってしまうのだ。家族会のメンバーは、認知症という概念が内包する「すべきこととすべきでないこと」を学ぶことによって、その分割線を犯すという「罪」を犯しうる存在になってしまう。もちろん、そこで「すべきでない」とされていることは、（例えば「患者を決して叱ってはいけない」のように）かつてであれば思いもよらないことだったかもしれない。しかし「一個の個人としてのあなたにとって理解や能力が及ぶ範囲というのは、そうした可能性すらなかったときのものと、本質的に異なる」（Hacking 2002=2012：229）。

だからこそ家族会のメンバーたちは、自分たちが「わかっているのに」何かをやってしまったという罪悪感を、抱え込まずにはいられなくなる。そして家族会のつどいは、そうした罪を「告白」する場であったといえる。

「罪」の社会性

かつて中河伸俊は、「あらゆる悩みは社会的だ」と述べた（中河 1998：127）。人が抱える悩みの背景には、その社会で何がよいこととされ、逆に何が悪いこととされているのか、そうした規範が存在する。その意味で一見して「個人的」な悩みも、すべて「社会的」なものとなる。そこで中河が主張したのは、そうして「誰かが何かに悩むこと」から、私たちの社会に存在する規範を分析することだった。

ここで注意したいのは、「社会」が複数の集団や個々人からなっていることだ。では私たちはいったい、どの社会の話をしているのだろうか。もちろん、認知症という概念は広く社会に行き渡っており、介護家族も、医療者も、研究者も、同じ概念を参照して日常生活を送っている。家族会における認知症概念と、その他の空間における認知症概念が隔絶しているはずはない。

例えば、精神科医の松本一生は、医療・介護専門職向けの著書の中で、認知症患者は「相手の表情が険しいと、いつの間にか怒り始めてしまう」ケースがあると注意喚起している。松本は、「自らが認知症の人に対して無意識に否定的な表情を向け、感情的なトーンで話をしていないか」気をつけ、「穏やかな表情」を浮かべるよう、専門職に勧める（松本編 2010: 52-53）。ここで専門職に促されている行為は、家族会でのアドバイスと同一線上にあると理解できる。私たちは立場を超えて、広く新しい認知症ケアの理念の影響下にある。

しかし他方で、本章で提示した家族会における認知症概念の影響は、介護家族ならではの、そしてその中でも家族会という集団ならではの、一種独特のものだと指摘できる。専門職が介護現場でトラブルに遭遇しても、彼らは患者とのあいだでお互いのライフヒストリーを共有していない。だからトラブルの原因を、患者と自分とのあいだの歴史、二人の人生に関係づけて解釈し、悩むことはありえない。認知症について学ぶことで、そうした解釈を相対化する経験も生じえない。また家族会に参加していない介護家族が、「笑顔を浮かべる」といった規範を共有しているとも限らない（だからこそ、新規メンバーはそうした対応を教わることになる）。

ハッキングは、ある概念が人びとに与える影響に関して、「語られるべき一般的な物語があるとは思わない。どのカテゴリーにも、それぞれの歴史があるのだ」（Hacking 2002=2012: 231）と述べた。認知症というカテゴリーの歴史もまた、立場を超えた一般的な物語には収まり切らない。家族会メンバーが、自分たちの再構築した規範に従えないことで悩みを抱えてしまうという事態は、私たちが患者を尊重しようとする中で陥る、非常に個別的で特徴的な（particular）「罪」のあり方なのだ。

コラム④ 悩みを聞く場の尊さ

私が参加している家族会の多くがここ数年、新規会員の減少に直面している。そうした中で、看取り後の会員が役員などを務め、なんとか活動を継続しているのが現状だ。ただしどの会の関係者も、新しく介護を始めた家族の悩みが減ったとは捉えていない。例えば、家族会Ⅵの会長でもあるBさんは、新規会員減少の理由を「介護保険が定着したから」と捉えている。二〇〇〇年に介護保険制度がスタートした後、ケアマネジャーや地域包括支援センターが制度化された。つまり、介護家族が悩みを抱えたとき相談する相手、相談する場が、公的に出来上がったのだ。

この章では、私が調査した各家族会の歴史を詳しく検討してはいないが、ほとんどが介護保険制度のスタート以前に結成されている。例えば家族会Ⅲは、一九八八年に、介護の悩みを相談する場のなかった介護家族の「念願」(同会記念誌より)として結成された。しかし今や、介護保険制度が出来上がってから一八年が経過した。それぞれの会に求められる役割も、例えばよりレクリエーションに力を入れるなど、徐々に変化しているのかもしれない。

しかし私は、そんな中でも変わらない家族会の役割があると考えている。それは、他の介護家族の悩みを聞く場である、ということだ。例えば家族会Ⅴの「つどい」で、こんな場面があった。ある男性が「妻の失禁が酷い。トイレでしろと言ってもわからない」と悩みを打ち明けた。すると、その次に発言の順番が回った女性が、「家の母も昔は失禁に悩んでいたが、オムツからパンツに代え、あまり「トイレに行け」と言わず、見守るようにしたら改善した」と話し始めたのだ。

ここで注意したいのは、この女性は特に今、母の失禁に困っていない点だ。恐らく彼女は、前の男性が話すまでは、別の悩みを話そうと思っていたはずだ。しかし彼女は、前の男性が「妻の失禁」の悩みを話すのを聞き、自分の経験が役に立つかもしれないと考え、この話をしたのだろう。

そして彼女が、「こうしなさい、ああしなさい」と指示はしていないことにも、注目したい。こうして、ただお互いの経験を重ね合わせて話してもらうことで、彼女の前に話した男性も、彼女の経験談を参考にするかどうか、自由に選ぶことができる。お互いが相手の話を注意深く聞き、互いの状況をおもんぱかっているからこそできるアドバイスの形式だと、私は感じた。

つまり「つどい」の場は、単に介護家族が好き勝手に話す場ではない。相手の話を聞きながら、「家でもそんなことがあったな」「私はこうしたな」と考え、相手と自分の経験を重ね合わせ、少しでも相手の役に立つように自分の話す内容を考える。そうやって相手の話を注意深く聞き、互いに相手の状況を思いやる場として成立しているのだ。

私の分析を含め、私たちはその場で話された内容に注目しがちだ。しかし家族会において、その話している人の周りで、相手の話を聞きたい、お互いの役に立ちたいと思っている何人ものメンバーが、その人の話を聞いているということを、忘れてはならない。

安心できる場で、互いに悩みを語り合い、そして互いに聞き合う人びと——そうした光景を想像しながら、この章の事例をあらためて読み直してほしい。

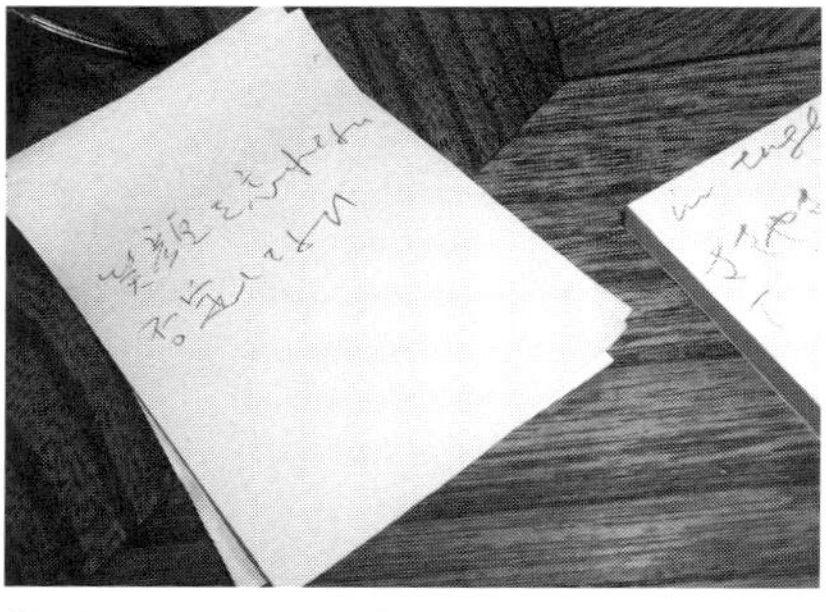

「笑顔を忘れない」「否定しない」と書かれたJの介護メモ

5章

他の介護者に憤る

介護家族による「特権的知識のクレイム」

旅行中，妻（中央）を見つめるＧさん（左）とケアマネジャー（右）
（2002年撮影，家族会Ⅳ提供）

私は、介護家族への調査の中で、幾度か特徴的な言い回しに出会った。ここでは、妻の変化に気づけるのは「そりゃ、私だけやったよね」とするG（Interview 2008.12.27）、妹に対し「二、三日泊まっていったところで、〔母親の〕何がわかるの」と憤慨するD（Interview 2009.1.11）を例にとろう。彼らは皆、介護関係の専門職や家族が「患者は心配するほどでもないのではないか」などと発言した場面を振り返り、憤っていた。

彼らの深い怒りや諦めに直面して、私はしばしばたじろいだ。もし、ここで介護家族が怒っている相手が、わざと介護の辛さを軽く見る、意地悪な人たちのようなら納得できるだろう。しかし、介護家族が怒っている相手は、必ずしも意地悪な人たちではなさそうだった。むしろ、親身になろうとする専門職や、自分なりに手助けをしようとする家族といった、良い人たちに思えたのだ。

そしてここに、問題が見えてくる。良かれと思って多くの人びとが介護にかかわるからこそ、私しか知らないことがあるという思いを介護家族が深めることがあるのだ。では、私しか知らないこととはいったい何なのだろうか？

1　患者の「本当の姿」をめぐる対立《コンフリクト》・葛藤

本書が描いてきた介護家族の姿を簡単にまとめよう。新しい認知症ケア時代において、「高齢者の個別性を徹底して重視する」（天田［2003］2010）ことを求められる介護家族たちは、自分が介護している患者に対して、何がやって良いことで何が悪いことなのか、その区別を常に反省することになる。例えば彼らは、患者の人生を参照しながら相手にはたらきかけ、その反応をもとに自分たちの振る舞いの適切さを推し量る（3章）。そうした介護に行き詰まれば、家族会のつどいに参加し、相談を重ねる中で「相手の過去の像」（井口 2007）と距離を置きながら、新たな規範を再構築することもある（4章）。そもそも彼らは、介護に先立ち、家族が認知症ではないかと気づき、受診を検討する段階から、様ざまな推論を重ねていた（2章）。こうした一連のプロセスの中で、介護家族が患者に対してやって良いことをはたらきかけ続け、また悪いことを戒め続けることが、「道徳性の上昇」（井口 2007）と呼ばれた事態だった。介護家族は、「文化的な判断力喪失者（cultural dope）」（Garfinkel 1967）ではない。すなわち、彼らは社会規範を内面化したら、「もはやあれこれ考えることができず、それゆえ変更することもでき［ない］」（中村 2007: 77）存在などではないのだ。

一方で、こうして介護家族が反省を重ね、自らに課した規範が、介護に関係する他のアクターたちに共有されるとは限らない。これは、ここまで見てきた介護家族たちの規範が、絶対的に正しいのに共有されない、ということではない。彼らが、患者の人生や家族会でのディスカッションをベースにはたらきかけを構成するのと同様、認知症にかかわる専門職には、領域ごとに独自の知識と技術の体系がある。また中心的な介護者ではないにしても、介護にかかわる（あるいはかかわろうとする）家族もいる。彼らも、前章まででみた介護家族とは違う形で、患者の人生を参照するかもしれない。

本章で注目したいのは、そうして異なった知識をもったアクターたちが認知症介護の場に集うことで、何らかのコンフリクト、すなわち意見の衝突や様ざまな葛藤が起こりうることだ。本章の冒頭に引用した、「〔気づけるのは〕私だけやったよね」「〔あの人に〕何がわかるの」という介護家族たちの強い発言は、そのことを示している。

介護家族はときに、自分（たち）にとっての患者像を基準にし、対立する判断があれば、それを棄却しようと試みる。例えば、重度認知症の夫を看取ったBは、介護手記の中に、夫の特徴を「中心介護者にのみ本当の姿を見せる」（匿名調査協力者 2008: 18）と記している。この一文になぞらえるなら、例に挙げた介護家族の発言は「患者の本当の姿を知っていたのは、自分だけだった」という表現に、まとめられるだろう。

私しか知らない患者の姿

このような発言に注目するのには、三つの理由がある。

第一に、こうした発言には、認知症患者に対して何がやって良いことで何が悪いことなのか、その区別を巡るコンフリクトが、端的に表れているからだ。本書はこれまで、多様なアクターが協調して介護を進める場面に注目してきた。2章で取り上げたＪＩ姉妹は、実母Ｋは認知症であるという気づきから受診に至り、現在も共同で介護を行っている。また3章で取り上げたLとその家族の事例でも、Lの次男Mを中心とした複数の介護家族と専門職が協力し、どんなはたらきかけが良いのか模索がされていた。しかし、そうして一見上手くいっているように見える家族介護も、常に順調に進むわけではない。ときには他のアクターの見方を棄却するような、激しい意見の対立が生まれる。

第二に、この発言が家族による介護の抱え込みを思わせるからだ。一点目で触れたように、他のアクターの意見を棄却し、自分にしかわからない何かがあると主張することは、自分にしかできない介護を設定し、担うことにもつながりかねない。家族介護に注目してきた先行研究が指摘したのは、家族の特定のメンバー（特に女性）が介護を抱え込み、介護者役割からのがれ難くなるという事態であった（春日 2001、天田［2003］2010）。例に挙げた発言は、いわば自発的に、介護を自分だけで抱え込もうとしているようにも思われる。

そして第三に、介護家族の発言が、一見すると患者の相互行為能力を軽視しているように見えるからだ。ここまで議論してきたように、新しい認知症ケアの考え方は、認知症患者に残された相互行為能力を重視し、その症状が「関係性のなかで多彩に変わる」（竹中 2010: 80）ことを強調してきた。その新しい認知症ケアの潮流と、自分しか知らない患者の本当の姿を設定する考えは、一見すると対立しているようにも思われる。

特権的知識のクレイム

この「患者の本当の姿を知っていたのは、自分だけだった」という趣旨の介護家族の主張は、「特権的知識のクレイム」と呼ぶことができる。これは、ジェイバー・グブリアムとジェイムズ・ホルスタインが「家族」の社会構築主義的研究で用いたものだ(Gubrium & Holstein 1990=1997)。私たちが何かについて、自分しか知らないことがあると主張するときには、それをどのようにして知ったのか、またその内容は正しいのかが、必ず問題になる。そこで人びとは、自身の正しさを証明するために、私たちが普段用いている人びとのカテゴリー(「家族」など)や専門的概念(「精神障害」など)を使って、自分たちのストーリーを組み立てる。グブリアムとホルスタインが指摘したのは、人びとのストーリーを「背景知」(Holstein & Gubrium 1995=2004)すなわち、様ざまな言説や実践と不可分なものとして理解することの重要性だった。

そこで本章は、介護家族は、自らの知識の特権性をどのように正当化するのかを問う。繰り返すが、これは介護家族の語りを絶対的に正しいものと想定してのことではない。私が試みるのは、介護家族が語るストーリーの分析であり、それはあくまで介護家族からの見方である。ここで問題にしたいのは、認知症患者の相互行為能力がどのように想定されているのか、また患者の人生はどのように考慮されるのかといった、介護家族のストーリーの背景知である。そのため以下の議論では、介護家族が自身の特権性を主張する場面を横断的に分析する。

本章の狙いは、この介護家族による特権的知識のクレイムが、新しい認知症ケア時代だからこそ生じたと示すことにある。認知症に関する医学的議論は、家族に特権性を付与せよとも、家族は介護を抱え込めとも言っていない。しかし以降の議論で示すように、介護家族の語りを説明可能かつ理解可能(accountable)にしているのは、認知症概念なのだ。ここに、認知症という「人間に関する科学的・専門的な概念が日常生活に入り込んでくる」（酒井 2009: 71）ことで、家族介護が特徴的な形で編成されることが指摘できる。

以降の議論は、この特権的知識のクレイムが誰に対して申し立てられるのか、という観点から整理される。まず2節では、このクレイムが介護専門職に申し立てる場面を、続いて3節では、（中心介護者ではない）家族に申し立てられる場面を、それぞれ検討する。その際、介護家族がこのクレイム申し立てを通じて何を達成しようとしているのか、というクレイムの機能面に注目しながら、議論を進める。そして4節では、このクレイム申し立てが新しい認知症ケア時代に特徴的な問題を反映していることを、指摘する。

2　専門職に対して憤るとき

介護家族は、なぜ特権的知識のクレイムを申し立てるのか。そこには、介護家族にとっての目的があり、クレイムが果たす機能がある。

介護家族がクレイムを申し立てる目的の一つは、介護保険サービスを、介護家族からみて適切な形に改善させるというものだ。これは、調査対象者がみな介護保険サービスの利用者であったことを考えれば、当然のことといえるだろう。

要介護度認定を巡って

要介護度認定の場面を例にとろう。(1)介護保険サービスを利用するための要介護度認定は、二つのステージに分かれる。コンピュータによる一次判定と、介護認定審査会による二次判定である。そしてこの二つの判定は、訪問調査員による調査結果と、主治医による意見書がもとになって行われる。訪問調査員はチェックシートに則って、医師は患者への問診に加え、脳の画像診断（CT、MRI等）や血液検査などを組み合わせ、それぞれ判断を下す。

介護家族からは、この訪問調査員や医師の下した判断に対抗する主張が、しばしば聞かれた。ただし彼らは、訪問調査員や医師と同じ基準に則って（つまり、その検査結果の読み取り方はおかしい、などと）反論するのではない。そうではなく、医師らが見た場面は限定的なのだと、逆にいえば、介護家族はより長く患者の変化をみているのだと主張する。だから、自分たちの判断の方がより適切なのだと訴えるのだ。

例えば、家族会Vのあるメンバー（七〇代）が、「認知症である夫の病状が、医師に伝わらない」と相談したことがあった。これを受けて、会の中心メンバーであるU（六〇代）は、次のように自身の体験を語った。

U：私もね、一度、〔訪問調査員に〕爆弾落としたことがあるんですよ。〔母親は認知症と診断されないで亡くなったが、〕認知症の人と同じじゃないですか、自分のことが言えない。それなのに、よその人が来たら、シャキッとする。私ね、案外、調査員の人がわかってないな、と。よそさんが来たら、シャキッとしますからね。今日だけ来てね、三〇分、一時間で決められたらね、かなわんわ。家族は一日二四時間ですからね。
(Field note 2009.8.18)

ここで訪問調査員が「わかってない」と指摘されているのは、「よその人が来たら、シャキッとする」という、認知症患者の反応だ。日常生活で家族と接しているときと、家庭外から訪問者がやってきたときとで、患者の状態が大きく変化する、ということだ。Uは、相手が認知症であるからこそ、訪問調査員が患者の「シャキッとする」様子を真に受けるのは、「悪いこと」なのだと主張する。そして、この場面で調査員がやるべきだったのは、「一日二四時間」共に過ごしている家族の知識を頼ること、要は「シャキッと」していないときの患者の様子を判定に組み込むことなのだと、主張する。後にUは、医師の問診に対しても「一瞬しか見ていないから、判断基準がない」と指摘した(Field note 2010.9.21)。Uは「一日二四時間」見ている家族が、「どれだけきちんとものを言えるかによって、先生〔医師〕も基準を決めていかないといけない」と強調している(Field note 2010.10.19)。

介護保険サービスを巡って

では、認定の手続きを終え、実際にサービスの利用が開始されてからはどうか。訪問介護サービスや通所介護サービスを利用するようになると、家族は、文字通りには「一日二四時間」患者と共に過ごすわけではなくなる。

しかしそのような状況下でも、介護家族はしばしば自身の特権性を主張する。そこでは、自分たちの方がより良くみているのだと、つまり一日に患者と過ごす時間の長さではなく、いわば観察の質を根拠にすることで、自分たちの判断の方が適切なのだと訴える。Bは夫のために、最も多いときで一日八時間の通所介護サービス（デイサービス）を利用していた。彼女はその時期を振り返り、次のように語った。

木下：次に、そのデイサービスへの評価とか印象っていうのは。

B：ただあの、私としては、〔職員が〕やっぱし認知症をわかってなかったなっていうのは、中等度の認知症のときはね、やっぱし自分を格好よく見せたくって、一生懸命、自分のできる範囲でいろんなことするんですよ。だから、例えば……だけど、あたしは家では「もうこの夫は二歳ぐらいや」と思ってるのに、デイでは褒めてくれるんですよ。「Bさん〔の夫〕はね、いろんなこと手伝ってくれて助かってます」って言うんですよ。それで、〔夫を〕見たらね、こう、新しく入った人たちに手を洗うのを指導するんですよ、偉そうにね。「そう、そこ水出して！　そう！」とかってきつい言葉で言ってね。それで、ばあちゃんと、新しく入ったばあちゃんたちはね、何しろ従順にやってるからね。それで〔夫は〕車椅子も押させてもらったりしてるんだけど、じゃあ楽しんでんのかなと思ったら、いろんなことが終わった後は部屋の隅っこでうずくまるようにしていてるわけ。だから、もうあたしにしたら中等度の認知症と思ってるけども、スタッフは軽度の認知症としか思ってないからね。だから、ああいう点で、認知症を知ってないなっていうのが、うん、いうのを感じた。

（Interview 2008.12.10）

ここでBは介護事業所の職員に対し、「認知症をわかってなかった」と評価を下す。ここで職員が「わかってなかった」とされているのは、「自分を格好よく見せたい」とBの夫が振る舞いを変えることだ。認知症患者は場面に合わせ「当意即妙」（小澤 2005）に対応する。職員の前では「手伝い」をする利用者かもしれないが、自分が施設訪問時には、職員の見ていないところで「うずくまるように」しているのを見た。先ほどのUと同様、この症状の変化や振る舞いの幅を、職員が「わかってなかった」としているのだ[2]。相手が認知症だからこそ、夫の様子を見て「いろんなこと手伝ってくれて助かってます」と喜ぶだけでは、いけない。それはいわば、悪い介護となる。そうではなく、むしろ「いろんなこと」が終わった後に何をしているかを観察することが、良い介護だというのだ。

もっとも、このような特権的知識のクレイムが、専門職との相互行為の中でどのような場合に受け入れられ、あるいは棄却されるのかは、別に検討する必要がある[3]。より長時間見ているから、よりよく観察しているから、といった根拠が受け入れられるかは、専門職からの反論を経て、個別に展開することだろう。また、介護保険制度という枠組みの中で考えるのなら、利用額の上限や自己負担額の問題を絡めて議論することも可能だろう。金銭的問題が、クレイムの展開に影響する可能性もある[4]。

何が認知症の症状か

ただしここで私が強調したいのは、次の点だ。すなわち、介護家族がクレイムを申し立てる上で参照しているのが、患者の症状が「関係性のなかで多彩に変わる」ことを強調する、新しい認知症ケア時代の認知症概念であると読み取れることだ。

本節で紹介した事例は、見方を変えれば日常ごくありふれた場面に見える。Uの母親の事例に戻ろう。問診時、緊張するなどして思わぬ反応をしてしまうことは、誰にとってもありうるし、また身に覚えのあることだろう。Bの夫のように、外出先でいい格好をして張り切ってしまうことも、同様だ。あるいは、人よりも特別に緊張しやすかったり、見栄っ張りだったりする性格の人もいる。

しかしこの場面は、あくまで認知症特有のものとして語られている。介護家族は、問診時に人は緊張しがち、といった一般論として、この場面のクレイムを組み立てているのではない。あるいは、彼らが言及しているのは、夫なり実母なりの以前からの性格（見栄っ張り、緊張しやすい、など）でもない。そうではなく、このような反応こそが、認知症の症状の特徴であると強調する。

つまり、介護家族が自身の特権性を主張しているのは、日常生活の中で、認知症患者がどのような反応を見せるかに関する、推論なのだ。Bは「〔職員が〕ああいう点で、認知症を知ってないな」と振り返った。これは文字通り、職員が認知症という概念そのものを知らなかった、ということではない。専門職が「知ってない」とされているのは、その概念を日常生活にどう当てはめ、患者の反応を推論すべきかということだ。この場面で非難された専門職からみれば、Uの母親は元気に質問に答え、Bの夫は元気にデイサービスに参加していただけである。しかし介護家族は、そのような反応こそを認知症の症状として読み取れなければならないと、主張する。(5) 小澤勲の言葉を借りれば、彼らは専門職に対し、「病を病として正確に見定めること」（小澤 2003: 195）を求めているといえよう。

ここで介護家族が、それぞれの患者の反応を極めて個別的なものとして、と同時に予測可能なものとして扱っていることに、注意したい。UもBも、専門職が「わかっていなかった」とするが、ここには「当然、わかっているべきだ」という期待が読み込める。それぞれの場面で患者がどう反応するかは、患者ごとに極めて個別的なものだ。しかし同時に、認知症概念を参照すれば、予測できるはずのものであった。目の前にいるシャキッとした女性、あるいは事業所の新しい利用者たちに手洗いを指導する男性を見て、普段はどうなのか、これからどうなるのかを、予測できなければならなかった。にもかかわらず、日常生活の中で認知症患者がどんな反応を見せるか、その症状の幅を知っていたのは私（介護家族）だけだった。

だからこそ彼らは、介護保険サービスを自身の見方に合わせて改善するよう、クレイムを申し立てる。つまり、当然認知症の症状だと読み取れなければならない場面が、そう読み込まれていなかった。そのような判断に基づいてサービスが組み立てられていることは、介護家族にとって不当なのだ。

もっとも、ここで言及されている専門職には、また別の思惑があったのかもしれない。Uの母親の場合なら、財政的な事情などにかんがみて、介護保険関係の支出を抑えようという思惑のもと、訪問調査員がわざと症状を低く見積もったのかもしれない（もちろん、一職員がそんなことを考える可能性は低いだろうが）。あるいはBの夫の場合なら、施設職員がBに喜んでもらおうと、わざと良いところだけ伝えたのかもしれない。つまり、ここで言及されている専門職が、実はわかっていた可能性は存在する。

しかし重要なのは、介護家族が自らの特権性を主張するために、他ならぬこの場面が、認知症という概念を参照しながら記述されたという点だ。彼らが介護保険サービスを、自らの見方に沿って再編しようと試みるためには（端的にいえば、専門職に文句を言うためには）、患者の症状が「関係性のなかで多彩に変わる」ことを強調する認知症概念のもとに記述される必要があったのだ。

ところで、この専門職に対するクレイム申し立てでは、患者が認知症であるという前提を、介護家族も専門職も共有していた。その上で、患者にどう向き合うべきか、その規範（すなわち、やって良いことと悪いことの区別）が争点となっていた。

しかし次にみる、家族に対するクレイム申し立てでは、患者が認知症であるという前提そのものが争点となっている。そしてこうした場面では、これまでキーワードに挙げてきた患者の人生が、再び重要な論点となる。

3　家族に対して憤るとき

家族の誰かに介護が必要になったとき、多くの家族内で、（介護保険サービスも含め）誰が、どこで、どのように介護を提供すべきかを巡る複雑な交渉が開始される。家族という関係の中には、夫—妻、親—子といった複数の対になるカテゴリーが存在する。その発言権は、患者の配偶者と子どもの間でも、あるいは子どもの間でも異なりうる。また家族同士、同居あるいは近隣別居している場合もあれば、別居している場合もある。そして家族であれば、普段は別居していても、介護に関する家族会議には呼ばれうるし、一定の発言権をもつことがある。(6)

Bの家族内でのクレイム

そのような状況で、家族内で特権的知識のクレイムが申し立てられた場合には、「家族内で、自身がより大きな介護の責任を背負っていくことを正当化する」という機能を果たす。2節でも引用したBは、夫の症状が進行し在宅介護が本格化する前、彼が一時的に介護施設に入所していた時期を振り返り、次のように語った。

木下：他の親戚の方とかに介護を任せようとかって思ったことは？
B：ない。……で、夫の親戚の方は、夫が上手に何でも言ってくるので、すごくいいように解釈してるから。ちょっと、あの認知症、〔発症から〕一〇年くらいたってから認知症って言ったんですよ、私。でもそれでもまだわからなくて、胃がんの手術の後、介護老健施設に五ヶ月入ってるときでも、「こんなところにいたら認知症がうつる」って言われて、「いつまで入所させとくの」って言われたけど、そこでも重症認知症の方にあったんですよ、ほんまは。だけど、親戚の前では良い格好するのと、重症なほど昔の話するんですよ。「昔の話〔B夫妻が結婚する以前の話〕をこんなに分かってくれてる」って言ってね、感心して、すごくうれしくなって帰って行かれたんですよ。で、理解はちょっと無理だったですよ、うん。

(Interview 2008.12.10)

ここでBは、夫の親戚には認知症の「理解はちょっと無理だった」ので、介護を任せようと思ったことは「ない」と語る。この事例は、前節で紹介した二つの事例と、以下の点が共通している。第一

家族会の旅行中，カラオケでデュエットするB夫妻（2002年撮影，家族会Ⅳ提供）

に、「親戚の前では良い格好」をして「昔の話」をするという夫の振る舞いを、認知症の症状の表れとして解釈し、また予想できるものとして提示している点。第二に、そのような認知症の日常生活での表れが、他の家族にはわからず、自分にしかわかっていなかった知識として語られている点。だからこそ、認知症概念を参照し、同様の判断を下すことができない夫の親戚は、介護を担うには不適当だとされる。もちろん前節でも触れた通り、例えばBや夫に喜んでもらうために、彼の親戚が本当はわかっていて、あえて感心してみせた可能性はある。しかし重要なのは、Bが自らの特権性を主張するために、他ならぬこの場面を選び、このように語ったという点だ。

ただしこの事例は、前節とは違った、いわば家族内でのクレイム申し立て特有の文脈を有している。夫の親戚は、「昔の話〔B夫妻が結婚する以前の話〕をこんなにわかってくれてる」と感心し、彼は認知症ではないという判断を下した。ここでは、夫の親戚にとって、二つの点が重要な判断材料となっていると読み取れる。第一に、「話」すなわち会話という行為が適切にできているという点。第二に、「昔の話をこんなにわかってくれてる」すなわち、適切に記憶を呼び起こせているという点だ。

ここで、Bたちが結婚する以前の記憶については、Bではなく、親戚にしか適切性が判断できないことに注意したい。夫と親戚とのあいだにどんなエピソードがあったか、彼らがどんな関係にあったかを、Bは直接には知らない。本書のキーワードに即せば、彼と親戚とのあいだの人生は、Bではなく親戚にとっての特権的知識だ。そして、会話ができるだけでなく、過去の記憶も保てているということは、親戚にとって、Bの夫が人格の連続性を保っていることを確認させる材料になるだろう。つまり夫の親戚にとっては、この場面こそ、彼の正常さを確認させる場面となりうる。

一方、Bによる「〔夫は〕親戚の前では良い格好する」という評価もまた、夫と親戚とのあいだの関係や歴史を重視している。つまり彼女は、夫が誰の前でも良い格好をする、と言っているのではない。彼女は、〔認知症患者は〕「重症なほど昔の話する」と、夫の症状がどれだけ進行しているかを「正確に見定める」ことを試みる。その上で、夫のこれまでの親族関係を踏まえて、特に親戚の前だからこそ良い格好をしているのだと、彼の症状の表れ方を解釈しているのだ。

ここでは夫と家族の関係性、つまり夫の人生が、相互行為を解釈する上での争点になっていると指摘できる。Bは、夫と親戚のあいだの関係を想定し、彼の状態は、特に親戚の前だからこそのものだと解釈する。先ほども述べた通り、Bは認知症の進行具合だけでなく、親戚との関係性を考慮することで、症状のあり方を解釈していた。他方、親戚の側にしてみれば、Bの夫と自分たちしか共有していない歴史を彼が適切に語れることは、親戚である自分たちだからこそ確認できる、彼の正常さの根拠となる。このように、夫の人生を考慮に入れることで、両者の判断は大きく食い違っていく。

Kの家族内でのクレイム

このことは、実母Kを介護中のIの例でも、顕著に表れる。2章でも取り上げた通り、Iは三人きょうだいで、姉のJと兄（六〇代）がいる。父親はすでに亡くなっており、Kは一〇年ほど一人暮らしを続けていた。二〇〇五年、JI姉妹は、Kが認知症であるという共通認識に至り、介護の体制づくりを始めようとする。しかし、三人のきょうだいともすでに家庭がある中で、誰がどのように介護を担うかは大きな問題となる。そして結局、JI姉妹が介護を担い、兄は全く関与しないという体制がつくられる。次に検討するのは、なぜ兄には介護分担を頼まなかったのかについての、私とIのやり取りだ。

木下：その例えばお兄さんとかとの間で、いろいろ、判断が分かれたりっていうことはあったんですか？お母さんの、状態についてというか。

I：うーんと、〔医師から〕認知症の診断を受ける直前なんだけれども、(7) 正月に兄さんたち家族三人が帰省して、数日間、家族水入らずで一緒にいるっていうことがあったんだけれども、だからそのころは、Jさんも私も、もうほんとに、これは大変な事態になりつつある〔という〕ものすごい危機感をもっている時期で、だから、それをこう共有してもらえるだろうと、当然。と、思っていたんだけれども、現実にはとても楽観的な感想だった。「いやまだまだ、何でもできたよ。大丈夫だよ」っていう〔感想〕だった。それはでも、そのお母さん本人も、ま、その、たまにしか会わない長男や、その奥さんや、孫だったりもするし、そしておそらく、やっぱり自分が一番若くて、何ていうのかな、輝いていたときのそういう時間を、最も長く共有していた長男だから、やっぱり、こう張り切り方が違うっていう感覚があるんだけど。それでたぶんすごく頑張って、いろんなことをしたんだろうな、っていうのは、ま、予想がつくんだけども。それを、またその長男〔兄〕は真に受けるっていうのかな、そのまんま受け取って、「うん、大丈夫だ」って言う。だから当初から、ちょっとそういう感覚の、ズレはあった。たぶんそれに、兄さんは、そう思いたかった。

(Interview 2010.10.18)

補足すると、Jによれば、このとき兄は「石油ストーブの灯油の入れ替え」と「電気ポットの操作」を、自分がKに「やらせてみた」結果、「できた」から「大丈夫だ」と判断を下していた、とのことであった(Interview 2010.10.30)。

この場面には、いくつかの特徴がある。第一に、夫と親戚のやり取りに居合わせたBと異なり、Iは兄とKとのやり取りの場にはいなかったこと。第二に、Kが〔灯油の入れ替えや電気ポットの操作を〕「できた」ことはIも認めていること。第三に、にもかかわらず「大丈夫だよ」という兄の判断を棄却していることだ。Iはここで兄の判断を、Kは大丈夫だ〔つまり介護は必要ない〕と「思いたかった」だけだ、つまり結論先にありきだったのだと評価する。しかし兄の立場に立ってみれば、自分の前では確かに「できた」のであり、そこから「大丈夫だ」という判断を下すのは妥当とも思える。

注目したいのは、IがKの反応を「〔自分が〕輝いていたときのそういう時間を、最も長く共有していた長男」に対する、特有の反応として「予想がつく」としている点だ。先のB同様、Iは認知症の症状の進行具合に加え、家族の関係性、いわばKの人生を加味することで、彼女の反応は認知症の症状の表れなのだと判断する。そしてKの反応は、「たぶんすごく頑張って、いろんなことをしたんだろうな」と、予測可能なものとされる。それは、Bと異なってその場に居合わせたわけではないのに、兄の判断を否定するだけの強い根拠として用いられる。

一方兄にしてみれば、Kの反応は、いわばしっかりした母親の典型的振る舞いといえるだろう。あるいは、仮にKが自分の前だからこそ「すごく頑張って」作業にあたっていたと解釈するにしても、そのように頑張れること自体が、今までの家族の関係性の流れの上で正常な反応だともいいうる。

結局、Kの人生を考慮に入れることで、両者の判断の違いが際立っていくことになる。

相手の人生を知っているからこそのすれ違い

ここから、家族間で申し立てられる特権的知識のクレイムには、次のような背景が指摘できる。介護者である家族は、認知症概念を参照しながら介護を組み立てようとする。そのとき、患者本人と家族が共有している歴史や家族の関係性、つまり患者の人生は、相手の症状の変化を予想する上での一種の資源となる。介護家族にとって、患者と家族のあいだのエピソードやかつての関係性を考慮することで、患者は例えば、昔話をする、昔のように張り切るといった形で症状を変化させるだろうと、患者の反応が予測できるようになる。

これはいわば、介護家族として、「一人ひとりの人生が透けて見えるようなかかわり」だけでなく、それと「病を病として正確に見定めること」、この「二つの視点を統合すること」(小澤 2003: 195)を試みた結果だといえる。この例ではBもIも、患者がこれまで、どんな人生を歩んできたのかに関する知識に加え、患者が今どのような状態にあり、普段どういった症状が見られるかに関する知識も考慮に入れ、患者の見せる症状の変化について、推測をしていた。特にBに関していえば、自分の目の前で、予想通りの変化を夫が見せたことで、それが思いこみでないことは、ますます裏づけられた形になった。

ところが介護者以外の家族にとって、認知症概念を参照しなければ、患者の反応はあくまで、それまでの家族の関係性に依拠したものである。自分たちしか知らない昔の話を元気にするといった行為を病気の症状だと解釈することには、通常かなりの無理が伴う。結局、介護家族が患者の反応を予測する上での資源になる家族の関係性は、介護者以外の家族と認識を共有する上での大きな障壁となる。それゆえに介護家族は、自分たち以外の家族を、介護における一種のリスクとして、介護の体制から排除する。(8)

興味深いのは、認知症概念を媒介にして特定の家族が特権性を主張することが、従来、家族規範の表れとされていた介護の抱え込みに結びついていく点だ。それは、ＪＩ姉妹の事例に顕著だろう。介護の体制をつくりあげる過程で、結局はＪＩ姉妹が介護者となり、兄はその体制から外れる。それは介護家族にとって、家族との交渉という負担を減らす意味では合理的であった。しかし家族だからという理由をとらないにせよ、結局は、家族内の特定のメンバーだけが介護を担う格好となってしまうのだ。(9)

4　新しい認知症ケアがもたらす対立《コンフリクト》・葛藤

本章は、介護家族から聞かれる「患者の本当の姿を知っていたのは、自分だけだった」という趣旨の発言を、特権的知識のクレイムとして分析してきた。このクレイムは、それが介護にかかわる専門職に申し立てられる場合には、介護保険サービスを介護家族からみて適切な形に改善させるという機能を(2節)、そしてそれが他の家族に申し立てられる場合には、家族内で、自身がより大きな介護の責任を背負っていくことを正当化するという機能を(3節)、それぞれ果たしていた。こうしたクレイムの背景には、介護の社会化を経て多様なアクターが参加するようになった家族介護の状況と、認知症の症状が「関係性のなかで多彩に変わる」ことを強調する新しい認知症ケアの理念が、それぞれ影響していると指摘できる。介護家族はその状況で、どのように介護を組織化し、体制づくりをするのかという課題を抱えていた。

介護の体制づくりのために

「患者の本当の姿を知っていたのは、自分だけだった」という主張は、一見乱暴に見えるだろう。しかし本章は、その論理を丁寧に辿ることを通じて、介護家族の主張を理解し、説明可能な(accountable)ものに解きほぐしてきた。そこで一貫して注目してきたのが、彼らの語りの「背景知」としてはたらく、認知症概念の役割についてだ。精神科医である竹中星郎の議論を、あらためて引用しよう。彼は、次のように記している。

痴呆は、その場の状況や人間関係によってさまざまな反応をしたり、異常な言動が消えたりもする。痴呆も一つの生きた存在様式であり、関係性のなかで多彩に変わるものである。

(竹中 2010: 80)

ここで注意したいのは、患者の症状が「関係性のなかで多彩に変わる」という要素が、認知症概念に織り込まれているということだ。ならば、仮に同じ人が患者に接するにしても、関係性の結び方次第で、患者の状態は改善するかもしれない。あるいは、別の誰かがはたらきかければ、もっと良い反応が得られるかもしれない。だからこそ、本書で取り上げた介護家族たちは、患者にどう向き合うべきか、試行錯誤を重ねてきた。3章で分析したように、患者の人生を参照したり、あるいは対応する人を変えつつ「はたらきかけ」をしたりするのは、その一例だ。4章で分析した家族会での相談場面のように、自分自身の介護の仕方を変える努力も、重視される。

こうした介護家族の日々の実践において、しばしば独特の争点が浮上する。それは、患者が誰に見せた姿を基準にして、介護の体制づくりをするかだ。患者が、「その場の状況や人間関係によってさまざまな反応をし」、その症状が「関係性のなかで多彩に変わる」以上、患者の周囲の介護者たちは、常に反省を迫られる。別の誰かがはたらきかければ、あるいは別のはたらきかけを試みれば、より良い反応が得られるかもしれない。そして実際、患者が人によって異なった反応を見せる。そうした状況下では、介護に関与するアクター間で、患者の状態に関する判断がしばしば異なってくる。その場合、相手の状態やより良いはたらきかけのあり方を巡って、多様な意見が生まれる。

しかし実際に介護を組織化する上では、仮に多様な意見があったとしても、誰かの判断をもとに決定を下さなければならない。本章でみた、要介護度の認定場面や家族内での交渉は、その典型である。いわば、アクター間で判断の序列化を、すなわち、誰に見せる姿が「本当の姿」かの決定をしなければならないのだ。介護家族は、そうやって介護の秩序形成をしていかねばならない(10)。

つまり介護家族による特権的知識のクレイムが映し出していたのは、新しい認知症ケア時代特有のコンフリクト（対立・葛藤）なのだ。患者の症状が「関係性のなかで多彩に変わる」ことを強調する新しい認知症ケアの理念と、「私しか患者の本当の姿を知らない」という特権性の主張は一見、矛盾して見えるだろう。また認知症概念は、介護にかかわるアクターの判断に序列をつけてはいない。しかしこれまで論じてきたように、介護家族が直面していた問題は、患者の症状が関係性のなかで多彩に変わり、かつ介護にかかわるアクターの判断に序列がついていないからこそ生じていた。だからこそ、介護にかかわるアクター間で、患者が誰に見せた姿を基準にすべきなのかを巡り、意見の衝突やコンフリクトが生じることになる。

誰が患者の良い「道づれ」となれるのか

かつてデビッド・W・プラースは、人びとのライフヒストリーを分析する上で、「道づれ（convoy）」という概念を提示した（Plath 1980=1985）。私たちはライフヒストリーを構成する上で、「関与者」としてその内容を「承認」し、「人生の確認のためのフィードバック」を与える存在を必ず必要とする。彼はこう論じている。

> 道づれはまた、ゴフマン流の「出会い《エンカウンター》」の場における単なる観客、「自己呈示」の単なる目撃者にとどまるものではない。そこで呈示された自己を、より長期にわたって「保存」することに、道づれは深いかかわりをもっている。私たちの成功や失敗は道づれたちの人生にも反響し、何らかの影響を与える。（略）私た

ちが道づれたちの人生に影響を与えるように、道づれたちもまた、さまざまの形で私たちの人生に重大な影響を与え、私たちはいわば道づれたちによってつくられていくのである。

それゆえ、長いかかわりの研究においては、人生の各段階にわたる個人の変化に注目するだけでなく、その個人をめぐる関係の総体のなかで関係者たちがどう変っていくかという点にも目を向ける必要がある。私たちの道づれ一人ひとりが、一つの相互的な歴史——互いに相手をどう認定しあい、それらの認定をどう共有してきたかという歴史——をそれぞれ体現しており、また未来への関与——お互いの間で「共有された未来」への関与——を体現している。こうした道づれ関係においては、誰か一人が何か著しい変化を示せば、他の人たちもそれに応じて変化していかねばならない。そしてむろん、この「転向」のために何年もの歳月が必要とされることもある。（Plath 1980=1985: 331–332）

患者本人を介護の中心にすえたとき、介護家族は彼らにとっての道づれとして理解できる。つまり介護家族に注目した本書は、この道づれの側から、患者本人との「人生の確認のためのフィードバック」を検討してきたともいえる。そしてそのフィードバックは、介護という相互行為に深く根差していた。患者本人は、自分たちが「相手をどう認定しあい、それらの認定をどう共有してきたか」を、もはや十分には語ってくれない。それはあくまで、はたらきかけから得られる反応から、介護者たちが探っていかねばならない。

そして重要なことは、患者にとって最も輝かしい時期の道づれだった人物が、良い介護者になるとは限らないということだ。「輝いていたときのそういう時間を、最も長く共有していた長男」

（Interview 2010.10.18）が、その経験ゆえに不適切なはたらきかけしかできない場合もある。あるいは家族より、専門職の方が適切な介護を提供できることもある。こうして介護家族は、患者の反応を見ながら、自分たちがどう「未来への関与」をすべきなのか、検討することになる。

いったい誰が今後、患者の良い道づれとなるのだろうか。特権的知識のクレイムは、そうした葛藤の中で発せられるのだ。

コラム⑤
ただの「認知症ケア」を目指して

「現在の認知症家族介護は、誰もが昔からやっていたことではありません。むしろ今介護をしている家族は、人類史上初めて、患者のその人らしさを尊重するという問題に取り組んでいる世代、とすらいえるかも知れません」。ある家族会での調査報告会で、私はこう話した。

歴史的にみれば、患者の言ったこと・やったことをそのまま受け取ったり（だからこそ例えば、患者の言うことに怒ったり）、意思疎通が難しくなれば放置したりしていた時代の方が長い。患者数がこれだけ増えたのも、あるいはそもそも「認知症」という概念が成立したのも、最近のことだ。

認知症になり、意思疎通が難しくなった人の思いをくみとろうとする。あるいは様ざまな立場の人びとが、それぞれの立場から患者のその人らしさを尊重しようとする。こんな介護のあり方は、もちろん一〇年、二〇年と蓄積がされてきたにしても、まだまだ「新しい」と呼ばれる段階にある。

だからこそ介護者たちが、特に介護家族が抱える問題について、答えは簡単に出ない。

その家族会では、聴衆であった世話人の一人が、「私たちの悩みは一〇〇年経っても解決していないんでしょうね」と感想を寄せてくれた。ある家族が看取りを終えて会を去ったと思ったら、別の人が介護を新たに始めて、会に参加する。そうやってメンバーの入れ替わりを経験しながら、幾度となく同じような悩みを受け付け、幾度となく同じようなアドバイスを繰り返していく。家族会の世話人たちは、誰もが同じような経験をしているはずだ。それだけアドバイスを繰り返していても、介護家族の悩みを即座に解決するような答えは出せない。

その経験の積み重ねを考えたとき、「一〇〇年」という数字は大げさには思えない。

それではこの5章でみた、介護者同士のコンフリクトはどう理解できるだろうか。本章では「コンフリクト」など と格好の良い表現を使ったが、要するに介護者同士で「揉めている」場面である。

介護者たちが揉めてしまうのは、ある患者が見せた多様な姿がもち寄られるからだった。それは、現在のその人の生活についての情報かもしれないし、過去の生き方についてのことかもしれない。誰が、いつ、どこで、どうやってかかわったか。そのときに患者本人はどんな反応をしたか。そうやって患者個々人の多様な姿を集めていけば、当然、矛盾が生じる場面も出てくるだろう。介護者同士で揉めることもあるはずだ。

しかし、だとすれば、そうやって介護者同士が揉めてしまうことを、私たちはもっと肯定的に評価できるのではないだろうか。介護者同士が揉めてしまうのは、それだけ患者個々人の多様な姿を集められたということだからだ。今この瞬間あるいは、過去のある時点の相手の姿だけではない、その人の見せるいろいろな姿が介護者たちに見えてきた。だからこそ、何がその人らしい暮らしかを巡って、議論となってしまう。

そうやって揉めごとが起こる状況は、誰かが勝手に患者の生き方を決めてしまえる状況よりは、ずっと良いはずだ。それは確かに、介護者たちにとって大きな負担である。しかし少なくとも、その人らしさを尊重しようという理念は、見失われていない。

その世話人の言う通り、介護者たちは一〇〇年後の世界でも、何がその人らしい暮らしかを巡って揉めているのだろうか。もしそうなら、それは一〇〇年後の世界でも、私たちが一人の患者について多様な姿を集め、ときに揉めながらも、その人らしい暮らしを目指して介護をしていることを意味するのだろう。

しかしその世界では、そうしたケアのあり方はもはや、「新しい認知症ケア」とは呼ばれていないはずだ。

恐らくそれは、特別な形容詞のつかない、ただの「認知症ケア」と呼ばれていることだろう。

家族会Ⅳの相談用電話

終章

新しい認知症ケア時代を生きる

悩みが映し出すもの

Bさんの夫が症状が進行してから描いた絵（Bさん提供）

「こうした問題って、どうすれば解決するんでしょうか?」——ある研究会でこんな風に質問され、私はふと考え込んでしまった。その会でも私は、本書で取り上げた内容を報告していた。

そもそもこの場合、問題の解決とは何なのだろうか? 例えば、もしも介護家族が患者のその人らしさを尊重することをすっぱりと諦めれば、本書で見てきた問題は生じなくなる。それが問題の出発点にあったからだ。

しかし、そんな風にその人らしさを気に留めないことが良い介護、あるいは良い社会のあり方だとは、私には思えない。例えばBさんは、夫の認知症がかなり進行してから、美術学校出身の彼に何気なく色鉛筆を渡し、絵を描いてもらったという。すると夫は、誰もが想像していた以上に鮮やかな絵を描き、Bさんや家族会のメンバーたちを驚かせたそうだ。こんな風に思いがけずその人らしさが発揮されれば、周囲の介護者は今までの介護を反省し、もっと良いはたらきかけができたのではないかと、かえって悩むかもしれない。つまり、問題は増えてしまうかもしれない。でもそれは、私には良いことにも思える。

だからここでは、問題の解決策を示そうとすることから、距離を置きたい。その代わり最後に考えたいのは、これまでに見てきた問題が私たちそれぞれにとって何を意味するのかだ。

「新しい認知症ケア時代」（井口 2007）において、介護家族が新たに抱えた問題を明らかにしたい。本書はこの大きな関心のもと、二つの問いを立てて議論を進めてきた。一つは、家族はなぜ、認知症患者の介護を担うのかというケア責任に関するもの。もう一つは、介護の過程で家族はどのような規範を身に着けていくのかというものだ。そして、これらの議論に共通するキーワードとして、患者の「人生」を用いてきた。

そこで終章では、これまでの議論をそれぞれの問いに対する「答え」としてまとめ直す。その上で、本書のキーワードである人生についても、議論を展開したい。そして最後に、5章でみたコンフリクトを手がかりに、本書の議論から認知症家族介護の何がみえるのか、締めくくりの考察を加える。

1　新しい認知症ケア時代だからこそ介護を担う家族

家族はなぜ、認知症患者の介護を担うのか。

それは、新しい認知症ケア時代において、介護家族が「代替不可能な人間関係」（上野 2011: 155）として評価されるからだ。ここには、認知症介護特有の論理がみられる。このことを整理するために、介護現場にどのようなアクターが参加していたかという観点から、これまでに分析した場面を整理しよう。

家族介護にかかわる多様なアクターたち

現在の日本で誰かが認知症になった場合、仮に家族が介護をするにしても、そこには様ざまなアクターが参加することになる。患者は、専門医を受診し、診断を受ける必要がある。介護保険利用を申請すれば、チェックシートを携えた認定調査員が訪れ、患者の状態を患者本人や家族に細かく聞くだろう。実際のサービス利用にあたっては、患者本人に家族を交え、ケアマネジャーと打ち合わせがなされ、ケアプランが提案される。在宅介護を選ぶにしても、訪問介護（ホームヘルプ）や訪問看護、さらには通所介護（デイサービス）などを利用できる。症状の進行具合などを考え、施設入所という選択肢もとることができる。家庭裁判所に申し立て、成年後見制度を利用することも可能だ。もし、介護家族が何か悩みを抱えれば、家族会で相談することもできる。こうした場面はそれぞれ、これまでの各章の議論で取り上げてきたものだ。

このように、患者本人を中心としつつ、様ざまな領域から多様なアクターが参加するのが、現在の認知症家族介護のあり方だ。なお、今回の調査対象者の全てが、何らかの形で地域包括支援センターに相談をしていた。さらに患者の状態次第では、この他にも、理学療法士や作業療法士（リハビリテーション）、歯科衛生士（訪問歯科）や音楽療法士（音楽療法）など、介護にかかわるアクターは無数に増えていく。現在の認知症家族介護は、家族という人間関係、家庭という空間の中だけで完結するものではない。

患者の人生を知る（知りうる）存在として

ところが、これだけ多様なアクターが参加してなお、患者に関して自分たちしか知らないことがあると、介護家族が自らの知識の特権性を主張する場面がみられた。5章「他の介護者に憤る」でみたように、介護家族が専門職と対立する場面は、その典型だろう。

では、なぜこうした事態が生じるのか。

それは、私たちが新しい認知症ケア時代に生きているからだ。新しい認知症ケアの考え方のもとでは、介護者たちの「はたらきかけ」次第で、患者たちの症状が改善することが強調される。そしてそのはたらきかけの際に重視されるのが、患者の「その人らしさ（personhood）」（Kitwood 1997=2005）を徹底的に重視することだった。患者個々人のライフヒストリー、すなわち人生は、介護に関与する多数のアクターの中でも、特に介護家族が知っていると想定される。

つまり患者の人生は、介護家族にとって一種の「特権的知識」（Gubrium & Holstein 1990=1997）となる。だからこそ、介護家族は「患者が何を望んでいるのか」「現在が過去と比べてどういった状態か」「介護サービスはどのように提供されるべきなのか」などを、しばしば判断することになる。介護における重要な責任を、いわば自ら背負い込んでいくのだ。

さらに本書では、相手が「認知症だ」と確定診断を受ける前から、介護家族が重要な役割を果たしていることにも注目した。それが、2章「認知症に気づく」でみたＪＩ姉妹の事例だった。私たちが相手の発症を疑う、つまりまだ認知症かどうかはっきりしない段階においても、患者の人生は重要な基準としてはたらく。相手の振る舞い、例えば台所のゴミを片づけられないことがおかしいのかどうかは、一概にはいえない。私たちの判断は、それがその人にとっておかしいのかどうかによって、左右される。つまり発症を疑う段階から、私たちはそれぞれの人生と照らし合わせて、判断を下している。こうした状況で、介護家族は相手の異常に「気づく」という、重要な責任を負うことになる。なぜなら彼らには、患者の人生という重要な判断材料があるからだ。だからこそＪＩ姉妹にとって、「Ｋさんっていう人を理解していなかった」のが、問題として浮上する。

家族が担う新しいケア責任

１章でも触れたように、上野千鶴子は、家族のケア責任について「ケアマネージャーを最大限活用し、サービスをほぼ一〇〇パーセント、アウトソーシングすることが可能でも、主たる家族介護者から最後までなくならない」と論じていた。この上野の議論は、公的な介護サービスが拡充してもなお家族介護者が担っている負担が存在していると指摘した点、そしてその負担がいわゆる身体的負担に留まらないことを指摘した点で、非常に重要だ。さらに上野は、「家族関係のなかではこのケア責任は、代替不可能な個別的な人間関係にもとづいている」のだと、整理した（上野 2011: 155）。

しかし、こと認知症家族介護に関して考えるならば、議論はさらに展開する必要がある。認知症家族介護において、家族のケア責任は「アウトソーシングしてもなくならないもの」、「最後に残るもの」という捉え方では不十分だからだ。

家族のケア責任は、新しい認知症ケア時代においていわば、「新たに誕生したもの」なのだ。介護を担う様ざまなアクターが参加し、患者の個別性を尊重したケアを提供すべく、相手の人生を知ろうとする。その過程で家族は、自分たちが患者の人生という、ある種の特権的知識をもっていることに気づかされる。それは、介護保険制度のもとで多様なアクターが介護に関与するようになり、そして患者個々人の人生を尊重する新しい認知症ケアの理念が普及した、その時代背景のもとで新たに生じた事態だと理解できる。

そしてその新たなケア責任は、家族がいったん専門職に「アウトソーシング」したはずの介護を、再度引き受けることにもつながる。例えば家族は、患者が施設入所したとしても、職員の代わりに自分が食事介助を引き受け、食事中に昔話をしようなどと試みてしまう。それは、専門職と自らを比較し、自分のもっている患者の人生についての様ざまな知識に、家族自身が意味を見出したからであった。

つまり家族は、最初から代替不可能な存在であるわけではない。家族は、代替不可能な存在へとなっていくのだ[1]。

2　介護家族が身に着けていく規範

患者の人生という基準

それでは実際に介護を担っていく過程で、家族はどのような規範を身に着けていくのか。言い換えれば、介護家族はどのようなケアを良いと捉え、逆に何を悪いと捉えるようになるのか。

一つの重要な基準は、前節でも触れた患者の人生である。これを参照して、患者「一人ひとりの人生が透けて見えるようなかかわり」(小澤 2003: 195)を行うことは、ときに家族ならではのはたらきかけとして、介護現場でも多様なアクターから期待されていた。

しかし一方で、患者の人生を参照したはたらきかけが、あらゆる場面で受け入れられるわけではないことも、本書で議論した。家族だからといって、介護は「何でもあり」ではないのだ。

例えば、そもそも患者の反応を、相手の人生を反映したものだと解釈するかどうかも問題となる。3章「患者にはたらきかける」でみた食事介助の事例のように、(サーモンやオレンジなどの)特定の食材を食べないことが、患者の人生(食習慣)を反映したものなのか、介助技術の問題(繊維を断っているかなど)なのかは、ときに介護家族や専門職のあいだで問題となった。それが、食事を続けさせるか、あるいは止めさせた方が良いか、すなわちその場面で何をやって良いのか(悪いのか)の判断に、大きな影響を与えるからだ。そして3章の事例では、それは介助技術の問題であり、患者の人生に結びつけるべき問題ではなかったと、介護家族が反省することになった。

このように、患者の反応は、相手の人生を何らかの形で反映しているに違いないという視点に偏ったケアを、小澤勲は「思いこみだけのケア」(小澤 2003: 195)として戒めていた。重要なのは、介護家族の側も、自分たちがしばしばこの「思いこみ」に陥ることを反省していた点だ。前節で整理したように、患者の人生を参照しての介護は、新しい認知症ケア時代において、特に介護家族ならではのはたらきかけとして強く推奨される。しかし一方で、そうしたケアが「思いこみ」になりがちなことも戒められている。何が良いケアであり、何が悪いケアなのか。その区別は、ときに大きく揺らいでいた。だからこそ、介護家族は悩むことになった。

4章「悩みを抱える／相談する」で分析したのは、そうした家族介護の規範を再設定する実践としての、家族会の相談場面だった。そこでは例えば、認知症を患う母親が手を上げることは、思春期からの「親子関係」に起因するのではなく、介護者の現在の「対応」の問題なのだと再定式化される。患者の反応を、全て相手の、あるいは相手と自分の人生に結びつけて理解するのを止めるよう促されるのだ。その上で、具体的な対応（否定しない、笑顔を浮かべる）のアドバイスが提供される。

まずは「コミュニケーション」の問題として受け止める

ただしここで強調したいのは、患者の人生を重視したはたらきかけと、人生から距離を置くという家族会でのアドバイスとの、共通点だ。

それは、患者の状態が、介護者の何らかのはたらきかけによって引き出されている、という因果関係の理解だ。介護家族は患者の状態変化を、自分と相手との「コミュニケーション」の問題としてまずは受け止める。序章でも述べたように、新しい認知症ケア時代において、認知症の、特に周辺症状と分類される症状（妄想、幻覚など）は、介護者たちが個々の患者に適切なかかわりや適切な環境を提供できないという「コミュニケーション」の問題と捉えられるようになった（井口 2005）。それは、介護者のはたらきかけによって、患者の状態が改善するという理解へと通じる。

さらに、そうした因果関係の理解は、患者の状態に何らかの問題がみられれば、介護者と患者のあいだで何らかの「コミュニケーション」の問題が生じているのではないかと疑う、そうした解釈を成立させる。これは、患者の反応から、自分たちのはたらきかけの適切さを推し量るという、介護家族のプロセスに確認できる。それまで不穏だった患者に、笑顔で接したことによって、向こうも笑顔になった。やっぱり、笑顔を浮かべるのは良い試みだった。あるいは、患者が昔歌っていた歌を歌いかけることによって、向こうも大きな声を出してくれた。やっぱり、昔好きだった歌を歌ってあげてよかった。この二つの事例では、一方で「笑顔」というはたらきかけが選ばれ、他方で「昔好きだった歌」というはたらきかけが選ばれている。しかしそうした違いの背景には、患者の変化の背景に、何らかのコミュニケーションの問題を想定し、自分たちのはたらきかけを反省し、振り返るという図式が共通している。

このように介護家族が、認知症介護における規範、すなわち患者に対して「やって良いことと悪いこと」の区別（西阪 1997: 22）を設定する上で、「患者の状態が、介護者の何らかの「はたらきかけ」によって引き出されている」という因果関係の理解は、一種の基盤として存在していた。「患者の症状が、介護者と患者間のコミュニケーションによって改善しうる」という理解があるからこそ、他のアクターではなく、日常的に介護を担っている家族が「やって良いこと」をするように特に促され、「悪いこと」を控えるよう、厳しく戒められることになるのだ。

3　人生それ自体の再構築

ここまで本書は、患者の「人生」をキーワードに、議論を展開してきた。それを参照して患者にはたらきかけるにせよ、あるいはそれと距離を置くにせよ、患者の人生は新しい認知症ケア時代における、重要な準拠点なのだ。

患者の人生の再構築と家族の人生の再構築

この患者の人生というキーワードから、二つの論点が展開できる。

一つは、患者の人生ははたらきかけの基準となるだけではなく、はたらきかけを通じて再構築されるという点。介護家族は、相手がどんな人生を歩んでいたかを参照し、自分たちのはたらきかけを組み立てる。しかし患者の反応次第では、患者がどんな人生を歩んできたか、介護家族は自分たちの解釈を書き換えることになる。3章「患者にはたらきかける」を振り返ろう。例えば、「ラブホテル勤務」や「長男」の話題への反応が乏しかったことから、Lがどのようにそのエピソードや人物を意味づけていたのか、家族は判断に迷う。あるいは、「子守唄」を歌ってくれたことから、LがMに子守唄を聞かせるというエピソードが、あったはずのものとして遡及的に設定される。患者の人生は、固定的なものではない。患者の現在の反応と、相互反映的（reflexive）な関係にあった。

さらにもう一つ、特徴的な事態が指摘できる。3章でみた、「長男」そして「子守唄」を巡る事例にもう一度戻ろう。これらの事例では、Lが長男との関係をどう意味づけていたか（がわからない）、あるいはLがいま子守唄を歌えるということは、Mはそれを聞いていたはずだ（なのに覚えていない）ということが問題となった。

つまりここでは、「一人ひとり」の人生というよりも、L、長男そして次男Mと、「家族」を巻き込んだ形で人生が検討されていたのだ。この場合、人生というキーワードは、「家族の関係性」と言い換えても良いだろう。子守唄の事例に関して言えば、「LはMに歌っていたはずだ」と、彼女個人の人生が遡及的に再構築されただけではない。「MはLの歌を聞いていたはずだ」と、Mの人生もまた遡及的に再構築されることになった。

4章「悩みを抱える／相談する」のDの事例を、この観点から振り返ろう。前節でも紹介した通り、当初彼女は、実母が手を上げることを思春期からの「親子関係」に起因すると考えていた。ところが家族会などを通じ、「それは本人のせいではなく病気のせいだ」「患者に悪意はない」という解釈を学ぶことで、現在の自分の「対応」の悪さに原因があるのだと、解釈を改める。そのことによって、彼女は「自分自身にも寛容にもなる」ことができた。こうしてDは、自分と母との親子関係は別に異常ではなかったのだと、思えるようになった。

ここでも、実母一人の人生ではなく、それにDを巻き込んだ、いわば家族の関係性が焦点となっていた。この事例は、患者の反応と人生を結び付けて理解するのを止めるという意味では、先に挙げたLM親子の事例とは対照的である。しかし、母の振る舞いの理解が変わることで、Dの人生も遡及的に再構築されたという意味では、共通した枠組みにある。

関連した事態は、2章「認知症に気づく」のKとその家族を巡っても起きていた。家のバリアフリー化を巡る事例を振り返ろう。ここでも、Kの反応を解釈する上で、「Kは、長女Jの言うことには長年反発していたが、次女Iの言うことは素直に聞いていた」という、親子の関係性が重要な役割を果たした。

「一人ひとり」から「人びと」の人生へ

2章でも論じたように、イアン・ハッキングは、人間を分類する専門的概念の中には、私たちの過去に「不確定性」(Hacking 1995=1998, 1999=2006) をもたらすものがあると論じた。

実際、認知症という概念と人びとの人生が関連づけられることで、それぞれの家族の経験は数年、あるいは数十年単位でさかのぼられることになった。そうした過去のエピソードは、「新しい仕方で思い出され、その当時は考えられていたはずのない語によって考えられるようになる」(Hacking 1999=2006: 283)。患者の人生を構築していくことは、介護家族と患者がお互いに「相手をどう認定しあい、それらの認定をどう共有してきたか」、その「相互的な歴史」(Plath 1980=1985: 332) の再構築を、必然的に伴う。介護家族は、患者の人生の「道づれ」(Plath 1980=1985) として、自分自身も「過去の不確定性」に巻き込まれていく。

「一人ひとりの人生が透けて見えるようなかかわり」を重視するからこそ、介護家族は、患者本人と自分たちとの関係性を検討することになる。患者の「その人らしさ」を尊重することは、患者ただ一人に影響を与えるのではない。それはときに、介護家族も含めた人間関係、つまり複数の人びとの人生を、遡及的に再構築することにつながるのだ(2)。

4　介護家族の悩みから見えるもの

当然の帰結としてのコンフリクト

本書では認知症家族介護を、認知症という専門的な知識と、患者の人生といういわば日常的な知識が交差する独特の領域として、分析してきた。認知症患者の症状が「関係性のなかで多彩に変わる」（竹中 2010: 80）という専門的な議論は、介護家族が患者の人生を参照し、様ざまなはたらきかけをする中で裏付けられる。一方、介護家族によるはたらきかけの位置づけも、患者個々人の「その人らしさ」を重視する専門的議論によって与えられる。両者は複雑に絡み合い、互いに互いが支え合うような、いわば相互反映的（reflexive）関係にあった。

それでは、この「認知症」という「新しい概念の使用可能性と、私たちの経験や行為の可能性とが、結びついていく現象」（前田 2009: 3-4）の結果、介護家族には何がもたらされたのだろうか。そこには、患者へのはたらきかけをめぐる様ざまな「経験や行為の可能性」も含まれる。

本書を結ぶにあたり、まず注目したいのは、介護家族と介護にかかわる他のアクターとのコンフリクトの可能性だ。私はこのコンフリクトにこそ、「介護の社会化」という制度的文脈、そして「認知症」に関係する専門的知識と日常的知識の絡み合いが、端的にみて取れると考えている。

5章で提示した事例を、再度検討しよう。新しい認知症ケア時代に生きる私たちには、認知症患者がコミュニケーションのあり方次第で、反応や症状のあり方を変えるという知識がある。そして現在の認知症介護には制度上、様ざまなアクターが参加している。その中には、多様な資格をもつ専門職（介護士、看護師、医師など）もいれば、中心となる介護家族、あるいはたまに見舞いに来るだけの親族もいるだろう。そしてそれぞれのアクターが、それぞれのやり方で患者にはたらきかける。私たちは、そうしたはたらきかけの違いによって、患者の「見せる顔」が当然違うだろうということを、あらかじめ想定している。だからこそ介護現場では、アクター間での判断の序列化の問題が、しばしば生じてしまう。「症状の程度を正確に把握しているのはいったい誰なのか」「誰のはたらきかけがより良いのか」いわば、患者が誰に見せる姿が「本当の姿」なのか、という問題だ。

もちろん、大抵の場合は何事もなく介護は行われるだろう。「食事介助のやり方を工夫したらこんなに食べてくれた」という介護士からの報告に家族が喜ぶ、あるいは「歌いかけたらこんなに大きな声で歌ってくれた」という家族からの報告に看護師が喜ぶなどと、望ましい反応と（それぞれが提供できる）はたらきかけを巡り、立場を超えて広く合意に達している場面の方が、多いはずだ。

しかし、「患者がデイサービスで他の利用者に手洗いを指導している」、あるいは「久々に訪問してきた親戚と患者が楽しそうに話している」といった、ほんの些細な場面の解釈を巡り、しばしば意見の対立が起こる。

さらにこのコンフリクトは、いったん発生すれば、「介護を、誰が、どこで、どうやって提供すべきか」を巡る意思決定にまで波及する。例えば家族会議が開かれ、「母の症状をわかっていない長男は介護から外そう」などと決定がされたり、あるいは介護事業所に苦情が申し入れられ、「ケアワーカーにちゃんと教育をして欲しい」などと要望が出されたりする。しかし、多様なアクターが参加する中でいったい誰の判断に基づくべきか、しばしば答えが出ず、緊張が続くこともある。

強調したいのは、こうした事態が、新しい認知症ケア時代という時代背景と、介護の社会化の進展という制度的背景がもたらした、当然の帰結だという点だ。

介護保険に代表される介護の社会化政策は、多様な領域の専門職を介護現場に動員し、介護者の「代替性」（森川 2015）を高めることを目指してきた。この制度設計は、「病を病として正確に見定める」、すなわち「客観的、医学的、ケア学的に理にかなったケア」（小澤 2003: 195）を重視するという、新しい認知症ケアの基本視点とも一致した。

しかし一方で、新しい認知症ケアは、患者「一人ひとりの人生が透けて見えるようなかかわり」も求めていた。そうした中で介護家族は、患者の人生という特権的知識をもつ存在として、「代替不可能」になっていく。さらに、同じ「家族」とグループ分けされる人びとのあいだにも、知識のグラデーションがある。例えば、ある患者の「妻」と、「きょうだい」のどちらが患者の人生についてより知識があるかといえば、それはどの時期を重視するかによる（子ども時代か、結婚後の生活か、など）としか、答えようがないだろう。

多様な専門領域から集められた（複数の）専門職、患者の人生について知っているはずの（複数の）家族が、それぞれにこの人にはこれが良いだろうというはたらきかけをし、しかも、患者の見せる姿が「関係性のなかで多彩に変わる」という知識がある以上、どこかでコンフリクトが起こるのは当然なのだ。

「その人らしさの尊重」自体の価値

「それでは、こうしたコンフリクトはどう解決できるのか」あるいは「介護家族の悩みはどう解決できるのか」——こうした質問を、私はしばしば受ける。

私は、必ずしも「コンフリクトは起こらない方が良い」「介護家族は悩まない方が良い」とは思っていない。なぜか。

介護家族がこれだけ悩んでいる、そしてときに介護者間でコンフリクトさえ起こっているということ。これは、認知症患者がそれまでの人生を尊重されながら生きることに、私たちがそれだけ高い価値を見出すようになったことの何よりの証明だと考えているからだ。

介護家族が患者の人生を尊重しようとするのは、例えば経済的な利益があるからではない。少なくとも私の調査協力者に、介護を通じて相続権といった利益を獲得した人は誰もいない。むしろ、仕事量を減らすことで経済的不利益を負ったり、毎日の見舞いに時間と手間をかけたりと、様ざまなコストを負っている。

介護家族の経験から見えるのは、患者がその人らしさを尊重されて暮らすことに、それだけ高い価値を置くようになった、新しい認知症ケア時代のあり方だ。どれだけ介護者たちがはたらきかけをしても、患者が完全に回復することは現状ではあり得ない。また介護家族は、経済的にも社会的にも、様ざまな不利益を負いかねない。しかし、患者の回復という見返りがなくても、逆に自身が不利益を負おうとも、患者のその人らしさはそれ自体、追求すべき価値を負ったものになった。だからこそ、本書で紹介した「真面目で、意識の高い介護家族」たちは、患者の人生について証言するという役割を担い、患者のその人らしさを尊重するという作業を積極的に担っていく。彼らは、自身に様ざまな不利益が生じようとも、そのあるべきケアを求めて努力し続ける。介護してしまう。

だから私は、こうした事態をただ「避けるべきもの」だとは思わない。私自身もまた、新しい認知症ケア時代の規範を内面化し、患者のその人らしさが尊重されることに、高い価値を見出した一人なのだろう。

5　介護する人、される人へ

本書はこうして、新しい認知症ケア時代を生きる介護家族の経験について、社会学の観点から議論してきた。

そこで最後に、これまでの議論が介護家族、専門職そして認知症の人本人にとってどんな含意があるか、考えてみたい。研究書の終章は、どうしても研究者向けの側面が強くなってしまう。だから少し視点を変えて、介護する人、される人にメッセージを送って結びとしたい。

介護家族であるあなたへ伝えたいこと

本書が明らかにしてきたことは、「介護の理想はどんどん高くなっている」と言い換えられるだろう。誰かが認知症になり、どれだけ症状が進行したとしても、皆で諦めずにはたらきかけ続け、その人らしさを守ろうとする――私たちは、そんな高い理想が掲げられた時代を生きている。

だからこそ私はまず、介護家族であるあなたと、二つのことを確認したい。第一に、この介護の理想を完璧に実現するのは、不可能だということ。第二に、あなたが認知症の人をできるだけ尊重しようとして、他の介護者たちと意見が衝突したり対立したりすること（コンフリクト）があったとしても、それは当たり前のことだし、仕方がないということ。

つまりもしあなたが、認知症の人を大切に思っているのに相手を尊重しきれない、介護が上手くいかないと悩んでいるとしても、それを自分個人の能力の問題だと思わないでほしいのだ。例えば、身体拘束が横行していた時代と二〇一九年現在を比べれば、今の方がずっと、介護をする人・される人双方にとって良い時代だ。しかし一方で、その人らしさを尊重するということは、私たちに深い悩みをもたらす困難な取り組みでもある。つまり、この時代、この社会に生きるからこそ、介護家族は悩まざるをえなくなった。

だから、介護で多少失敗したとしても、それはあなたのせいではない。相手が認知症だと早く気づけなかったことも、目の前の相手の思いを十分にくみとれないことも、いけないとわかっているのに怒ってしまうことも、他の介護者とケンカしてしまうことも、あなたのせいではない。もっと言えばあなたに限らず、誰かが責められるべきことでもない。

本書で取り上げた問題は、あなた個人がなんとかできるものではない。そして恐らく、他の誰もがなんともできない問題でもある。

その誰にもなんともできないものを、それでも皆で支えていくということ。それが、認知症の人のその人らしさを尊重するという試みなのだと、私は思う。

専門職であるあなたへ伝えたいこと

介護にかかわる専門職であるあなたとまず確認したいのは、新しい認知症ケア時代においては専門職の側も、認知症の人それぞれの人生を尊重することを求められるようになったということだ。例えば、医師のような専門職を頂点にするピラミッド構造で意思決定がされ、介護家族もそれに従うだけならば、本書で見たような悩みもコンフリクトも、生じようがない。ところが現在の認知症ケアに関するシステムは、患者の人生に関する日常的知識に価値を置く設計となっている[3]。

だとすれば、専門職の実践の中に、患者の多様な姿を集めるプロセスを、積極的に組み込むべきではないか。例えば私が調査したある事業所は、家族からの密なヒアリングだけではなく、患者と職員がのんびりと散歩することを重視していた。それは、そのときの患者本人とのやり取りから、その人が認知症になる前に何を良しとし、また何を嫌だと思っていたのかを、時間をかけて探るためであった。そうした日々のかかわりから得た情報は一人の職員からケア会議を通じ、他の職員やケアマネジャーへ、そして家族へと渡っていき、日中の過ごし方は常に更新されていく。

もちろん、ここでは一括りにあなたを「専門職」と呼んでいるが、それぞれの職種によって介護へのかかわり方も全く違うはずだ。あなたはホームヘルパーだったり、ケアマネジャーだったり、看護師だったり、医師だったりするはずだ。のんびり一人ひとりの情報を集めるのが理想だろうが自分はそんな立場にないよ、とあなたは嘆いているかもしれない。

しかし私はここであなたと、介護とは何なのかをあらためて考えたいのだ。確かに、患者の人生に関する膨大な知識を集める作業は一見目立たない。また一般に介護という言葉からイメージされるものでもないだろう。しかし、その作業もまた重要な介護なのだと、私たちはあらためて位置づけ直すべきではないか。そうやって集められた認知症の人個々人に関する知識は、その人にとって何が良いのか悪いのかを探る、一つの基準となる。そして、そうやって知識をかき集め、証言し、悩むことこそ、家族が担う介護の重要な側面だった。

「私がいなくなっても、この人は別な人たちに見守られ、その人らしい生き方を全うできるはずだ」――もしも介護家族がそうやって安心できるのならば、それは認知症の人本人にとっても安心のできる、より良い介護の体制となるに違いない。目の前にいる認知症の人がどんな生き方をし、何を好み、何にこだわってきたのか。その人の人生を記録し、証言する仲間に、専門職のあなたもなれる。もちろん、そうやって仲間が増えることは一面で、介護におけるコンフリクトの可能性を増やすことにもなる。しかし、コンフリクトが起こるのは当然なのだ。

そもそも、意見の対立も悪くないはずだ。本書で見てきたように家族の見方は、非専門的で間違ったもの、ではない。家族の見方はときにあなたと違うかも知れないが、それもあなたとは違う論理に裏付けられた、ありうる別の見方なのだ。だから、意見の対立を怖がったり、避けたり、勝とうとしたりする必要はない。ただ、専門職であるあなたと家族がなぜ違う見方をするのか、その論理も知ってもらいたい。

部屋で演奏するたった数分の曲を選ぶために、あるいはデイサービスの三〇分程度の催しのために、多くの手間をかけてその人個々人について知ろうとすること。これも、認知症の人を社会で支える、一つのやり方になるはずだ。[4]

認知症と共に生きるあなたへ伝えたいこと

最後に、認知症の人本人たちには次のようにメッセージを送りたい。

もしあなたが認知症を患い、症状が進行し、意思表示が難しくなったとしても、あなたの周りにいる人たちは必要とあらば、お互いに意見を戦わせてまで、あなたのその人らしさを守ろうとするに違いない。本書で扱った事例の中に、介護を必要とする認知症の人の姿は、直接的には登場しなかったかもしれない。しかし介護者たちのやり取りの中心には、常に認知症の人本人がいた。

だから、不安に思わないでほしい。介護する人はあなたについ怒ってしまったり、あなたに聞こえるところで誰かとケンカしたりするかもしれない。しかしそれは、どうやったらあなたを尊重できるのか考えてのことだった。

つまり、どんなあなたでも尊重できる介護者として、あなたと関係を結び続けたいという人が、あなたの周りにいるということだ。だからどうか、安心してほしい。

最後にこのことを伝えたい。どれだけあなたの症状が進行しても、あなたのその人らしさはあなたと介護者たちとのやり取りの中で保たれ、そして鮮やかに浮かび上がってくるのだ。

注

はじめに

(1) 介護は女性の仕事、介護は昔から家族がやってきた……。恐らく、そのようなイメージは未だに社会的に根強い。

しかし例えば柳谷慶子は、江戸時代の「看取り」のあり方について分析している。この時代、看取りに至るまでの高齢者達の世話は家族が中心になっていたが、その責任を負っていたのは家長であった。そのため、「家長およびその候補となる男子」に対しては、「養老の教えと看取りの具体的な方法」が授けられたという(柳谷 2011)。

また岡本祐三は、青森県津軽半島において、「昭和20年代」(一九四五年から五四年)の農家の暮らしについて郷土史家に聞き取りを行っている。高齢者が肺炎などの病にかかった場合、なんとか身を起こせるぐらいの病状ならば、家族は朝一家総出で田んぼに行く前に、高齢者の枕元におにぎりと水を置いて、昼間は「なげておく」(放置)。そして全く起きられなくなったら、「もう終わり」だと、家族は高齢者に水も食事も与えなかったという。重要なのは、そうした扱いについて、周囲にも「了解」があり、本人も「覚悟」を決めていたことだ。岡本は次のように述べる。

> このころの高齢者は重い病気になっても、都市部でさえも病院に入院するということは、ほとんどなかったから、多くの高齢者は数日から数週間自宅で床について亡くなった。
>
> (岡本 1996: 29)

重い病を抱えた高齢者を、家族が数年、場合によると一〇年以上介護し続ける姿は、必ずしも「伝統的」に見られたものではないのだ。

(2) 介護が「身体機能の補助」だけではなく、「コミュニケーションの補助」や相手を「見守る」ことなど、多様な側面をもっていることは、障害学と呼ばれる分野が膨大な議論を蓄積してきた。その中では、介護する側が相手の意思を読み取ることの難しさ、代弁する危険性なども、繰り返し指摘されている(最近では、寺本・岡部・末永・岩橋(2012)が参考になる)。

本書は、「介護」がそうした広がりをもった行為であることを前提にして、議論を進めていく。

なお本書では、「介護」と「ケア」は引用する文献などに応じて、互換的に用いている。

序章

(1) 「公益社団法人認知症の人と家族の会」公式ホームページ、「組織概要」の項目(http://www.alzheimer.or.jp/?page_id=198)より確認した。本書執筆のための最終アクセスは二〇一八年十二月二五日。
なおこの会員数には、介護家族だけではなく、専門職などの賛助会員も含まれている。

（2）ただし「認知症」の定義は、ここで紹介するものが全てではない。本文中にもある国際疾病分類第一〇版（ICD-10）、さらにはアメリカ精神医学会の定める「精神障害の診断と統計の手引き」（DSM）など、複数の有力な定義が存在する。そして、その定義の変遷に注目した研究もなされている。例えばダニエル・R・ジョージらは、DSMが改訂されていく中で、（特にアルツハイマー型）認知症に関する定義の力点がどのように変化したかを分析している（George, Whitehouse & Ballenger 2011）。
なお、二〇一三年に発表されたDSM-5では、「認知症」と翻訳されてきたdementiaという従来の分類がなくなり、neurocognitive disorderという、直訳すると「神経認知障害」となる分類が導入された。ただし日本では、neurocognitive disorderは、引き続き「認知症」と翻訳されることになった。日本精神神経学会監修のDSM-5日本語翻訳版にある、訳語選択を巡る議論を参照せよ（American Psychiatric Association 2013=2014）。

（3）このBPSDという呼称は、一九九六年、国際老年精神医学会（IPA）主催のコンセンサス会議を経て誕生した。ただしアネット・ライビングも注意を促すように、患者が認知症によって影響を受けるのは認知機能に留まらず、精神や行動面にもその影響が及ぶという考え方自体は、一九九六年以前から見られる。
ライビングは、「BPSDの歴史は、〔治療の〕有効性を探求する歴史として解釈することができる」としている。一九九〇年代後半以降、医療関係者、特に製薬産業は、（記憶力といった認知機能に関する指標ではなく、）「ADL」「機能性」「QOL」といった新たな指標を導入し、治療（特に薬）の有効性を測ろうとしていく。つまり認知症という疾患を論じる上で、患者の認知機能の問題から精神面や行動面の問題へと、議論の中心が移行したというのだ（Leibing 2009）。

（4）この「呆け老人をかかえる家族の会」が二〇〇六年に改称し、「認知症の人と家族の会」となる。

（5）フォックスは、特にアルツハイマー型認知症を巡る議論に関連し、二つのポイントを挙げている（Fox 1989）。第一に、電子顕微鏡に代表される技術革新がもたらした知識だ。一九七〇年代、そうした新たな技術のもとに、大脳皮質の萎縮や神経原線維の変化など、アルツハイマー病という独立した疾患の「生物学的基礎」を成す知識が確立された。しかし彼が強調するのは第二の要素、すなわちこの知識に基づいた社会運動である。この運動の中心となったのが、ロバート・カッツマン医師だ。カッツマンは一九七五年、①老年性痴呆は米国で四番目の死因である、②老年性痴呆とアルツハイマー病は同じもの（entity）であると考えられる、という報告を神経内科医のシンポジウムで行う。その上で一九七六年、彼は神経内科医向けの専門誌に「アルツハイマー病は合衆国で第四か五位の死因である」とする論説を寄稿する。これは二ページと短いものだったが、（カッツマンがフォックスに私信の中で述べたように）この論説が彼の仕事の中でも「最も重要なものであることは明らかだ」。

さらに一九七九年、アメリカ国立老化研究所所長のロバート・バトラーを中心とした協議が開催され、Alzheimer's Disease and Related Disorders Association（ADRDA：アルツハイマー病および関連障害協会）の設立が決定される。フォックスはその重要性を指摘する。

> ADRDAを特定の疾患に焦点を絞って組織するという決定は、その疾患のある「新しい」生物学的な定義が受け入れられたからこそ下された。「老衰」、「器質性脳症候群（organic brain syndrome）」、「老年期の精神病」そしてその他の漠然とした診断名のラベルを貼られていたケースの、アルツハイマー病のケースへの転換がとうとう根付き始めたのだが、これこそカッツマンやその他の研究者たちが七〇年以上に渡る科学的な研究を通じて推し進めてきたものだった。（Fox 2000）

バトラーは「老衰」という用語を、「認知機能の低下を避けがたくて不可逆のものと捉えることで、高齢者を放置することを合理化する」ための「ゴミ箱のような用語」と捉えていた。そこから「アルツハイマー病」という概念を分離させ、さらに日常語となるまで普及させることは、彼の当初からの目標だった（Whitehouse 2008: Chap. 4）。

医療の管轄はこうした運動を通じて拡大し、認知症という概念が確立されていったのだ。

（6）「医療化（medicalization）」とは、「従来は医療の問題として考えられていなかった事柄が、医療専門職（医師）が中心となって取り扱うべき事柄（つまり「病気」や「障害」）とみなされていく現象」と定義される（佐々木 2010: 64）。

医療化論の古典、『逸脱と医療化――悪から病いへ』は、一九八〇年にアメリカ合衆国で初版が出版された。それから一二年が経った一九九二年、「後記 逸脱と医療化――10年後」を加筆して、同書は再版される。その中で、ピーター・コンラッドとジョセフ・W・シュナイダーは、「ここ一〇年」に進展した「研究の新領域と将来の問題」の一つに、「アルツハイマー型認知症（Alzheimer's Disease）」を挙げた。彼らは、「認知能力の減退、これと関連した多くの「逸脱行動」はエイジングの不可逆的側面というよりは特定の疾病の結果と定義されている」と指摘する。つまり認知症は、「より多くの逸脱が一〇年前〔一九八〇年〕よりも医療化されていることを示す一定の証拠」となる事例だというのだ（Conrad & Schneider 1992=2003: 543）。認知症は一九九二年段階で、医療社会学のいわば「新領域」と捉えられていた。

しかしそれからさらに二〇年以上が経過し、認知症に関する研究は医療社会学領域内でさらに蓄積されている。本書では紙幅の関係もあって、その一部を、ごく簡単にしか紹介できていない。二〇一〇年代の展開も含めたより包括的な議論については、マーガレット・ロックの著作が参考になる（Lock 2013=2018）。また、このロックの著作も踏まえた美馬達哉の論文は、簡潔ながら多くの情報が詰まり、論点が整理されている（美馬 2015）。

いずれにしても、今や認知症は、医療社会学の「新領域」から「一領域」になったといえるだろう。

（7）例えば、アルツハイマー病の最初の「症例」とされる患者アウグステ・D（五一歳）の報告を一九〇六年に行い、その病名の由来ともなったアロイス・アルツハイマー医師は、一九一一年の別の症例報告で「アルツハイマー病」の存在に根本的疑問を投げかけている。すなわちこれが、「ある特定の疾患のプロセスから引き起こされたとみなす確実な根拠はなく」、むしろ「老年期の精神病であり、老年痴呆の非典型的症例」とみなすべきだ、としたのだ（Maurer & Maurer 1998=2004）。

（8）ロブ・J・ディルマンは、「アルツハイマー型認知症」は「老化」という概念のいわば「部分集合（subset）」として、すなわち個々人に生じる変化のある特定の部分を「アブノーマルなもの」として評価する「規範的な決定」に基づいて成立する側面が、常につきまとうと結論付ける（Dillmann 2000）。

だからこそ、チアゴ・モレイラは、「通常の老化（normal aging）」という概念にも注意を促す。アルツハイマー型認知症の医療化過程では、一方で「通常の老化」が何とまた誰と比較してのことなのか、問題とならざるを得なかったからだ。モレイラは一九八〇年代以降、遺伝的なデータベースや臨床的な情報を登録し、様ざまなデータコレクションをつくりあげていく試みが進展したことを指摘する。それはいわば、「通常の老化」の範囲を構築する試みであったといえる（Moreira 2017: Chap. 9）。

（9）アメリカ合衆国で一九七九年に組織された、アルツハイマー病および関連障害協会（ＡＤＲＤＡ）は、一九八二年、ワシントンＤＣでのロビー活動が最大限の効果をあげられるよう、コンサルティング会社と契約を結ぶ。その結果、一九八三年の一一月が「合衆国アルツハイマー病月間」に指定され、一九八五年にはアルツハイマー病研究センターが全米の各地に設置されるなど、そのロビー活動は多大な成果をあげる。

一方でこの時期、この病に関する「悲嘆の慣用句（idiom of distress）」が次々と生まれることとなる。例えば、「終わりのない葬儀」「心泥棒」「心の緩やかな死」「自分自身の喪失」といったものだ。

ピーター・J・ホワイトハウスは、このようなアルツハイマー型認知症への急激な関心の高まりと、それをまるで怪物のように（ときに擬人化して）捉える見方は、表裏一体になっていたと指摘する。彼は、一九八〇年代の合衆国の様子を振り返って、「アルツハイマー病を巡る怪物じみた神話が国中を席巻し、私たちが老化について考えるやり方を変えてしまった」と回想している（Whitehouse 2008: Chap. 4）。

（10）アネット・ライビングは、アルツハイマー医師による（アルツハイマー型認知症の）「発見」から現在に至るまでの歴史を、「その人らしさを巡る戦争（Personhood Wars）」と呼んで整理する（Leibing 2006）。

アルツハイマー医師の時代の顕微鏡による検査であれ、あるいは最新のＰＥＴ画像診断によるものであれ、「通常の老化をたどった脳」と（認知症患者の）「病を患った脳」の間には、常に「重なり」が指摘されてきた。すなわち、アルツハイマー病患者の特徴とみなされる脳内の老人斑にせよ神経原線維の変化にせよ、健康とされる高齢者の脳内にもみられるものなのだ。

ここから特に二〇世紀の半ば以降、「その人らしさ（personhood）」が争点として浮上することになる。すなわち脳内に生じた変化の結果、その人らしさを保てなくなった状態が認知症だという議論が、精神科医から提示されたのだ。これにより、脳の器質的な変化だけではなく、人格の変化が重要な論点として設定される。

一方で二〇世紀の終わりにはむしろ、患者のその人らしさは保たれているのだとする議論が広まっていく。ライビングはこれを「その人らしさ運動（personhood movements）」と呼ぶ。彼女は、私が本文で挙げているキットウッドの議論（Kitwood 1997）だけでなく、一九八〇年代に開発されたバリデーション療法にもその源流があるとする。いずれにしても、その人らしさを患者本人の語りや他者とのコミュニケーションの中で保たれるものとし、そしてそのようにその人らしさを保とうとするのが良いケアだとする運動が、特に一九九〇年代以降広がっていく。

小澤勲は、認知症の特徴を（様々な能力を統括する）「知的「私」が壊れる」と表現する一方で、「すばらしいケア・パートナーと共に暮らし、その他の条件にも恵まれると、知的「私」の壊れも小さくすむ、あるいは修復されるのではないか」と整理した（小澤 2005: 146）。これは、二〇〇〇年代以降この「戦争」がどう決着したかを表している。確かに、認知症患者の「私」は壊れるかもしれないが、周囲の介護者たち次第で、その壊れ方も変われば、あるいは修復さえされる。これが、現在の理解なのだ。

（11）「はたらきかけ」とは、「呆けゆく者や寝たきりの人に対する周囲からの世話や対応などの行為を指す探索的な概念」として、井口高志が用いたものだ（井口 2007: 32）。この概念は3章で集中的に扱うため、ここでは注記に留め、あらためて議論する。

（12）操作的定義を導入する調査と、人びとが実際に用いている概念に注目する調査の対比については、ヒューズとシャロックの論考を参照（Hughes & Sharrock 1997）。

（13）「端的に」以降の括弧内の文章は、井口高志が私の一連の研究（木下 2012a, 2012b, 2013, 2014）を評したものだ（井口 2014: 10）。原文は「奈良女子大学社会学研究会」というクローズドな研究会での配布資料で、一般には公開されていないが、井口氏本人に許可を得て引用する。

（14）このKitwood（1997）からの引用は、本文の記述にあわせ、原著八四ページをもとに筆者が訳している。例えば二〇〇五年の邦訳では"life history"が「人生歴」（一四六ページ）と訳されているが、ここでは「ライフヒストリー」と訳した。

（15）こうした終末期医療において重視されるのが、「QOL」（クオリティ・オブ・ライフ）という考え方だ。医療上可能な延命治療を全て行うことは、必ずしも患者の「人生／生活の質」を考えると、良いものとはいえないかもしれない。ブラッドフォード大学での取り組みを中心に編集されたガイドブックでは、人工的な栄養補給（胃ろう、経鼻栄養など）を患者に行うかどうかの決断を、事例として紹介している。そうした場合、「（治療を）患者がどのように感じるだろうか」と、「家族や友人、その他にも患者のケアにかかわる人」に尋ねることが勧められている（Hughes & Baldwin 2006: 94-114）。

また日本でも、在宅医療のテキストにおいて、認知症患者が食事の経口摂取が困難になった場合、次のような視点に立つことが勧められている。

> 患者自身が意思決定できない状態では、介護する家族などが、本人の希望やその背景にある価値観などを十分汲み取ったうえで、現在の患者が自己決定能力をもっていたら、どういう選択をするだろうかを推測しつつ、患者にとっての最善の方法を模索しなければなりません。
> （持塚・青田 2014: 21）

このように、患者の自発的な意思表明が困難な場合には、患者の人生を参照して決定を下すこと、そしてその患者の人生を知りうる存在として、家族が想定されていることは、様ざまなガイドブックやテキストからも読み取れる。

（16）"particular" な事例にこだわることの重要性は、ハッキングがインタビュー中で議論している（Madesen, Servan & Oyen 2013）。

1章

（1）森川（2015）は、一九九〇年代後半以降の日本で広まった「介護の社会化論」を、二つの軸から整理する。一つは、

「家族による介護を、外部のサービスや労働と代替可能にする」こと、すなわち労働の「代替性」。もう一つは、介護労働に社会保障給付がなされること（対価が支払われること）、すなわち介護の「費用化」である。現在の介護保険制度は、家族介護を「代替」し、その代替サービスに「費用」が支払われる構造を基本とするものだといえる。

　しかし森川も論じるように、家族介護の「代替性」を高めずに「費用化」をするという方法、すなわち家族介護者に「現金支払い」をする、という制度設計もあり得た。「家族介護への現金支払い」に関しては、菊池いづみ（2010）も参照。

（2）上野（2011）が用いた「ケア責任」概念について、本書の議論に関連して三つコメントを加えたい。

　まず上野が、家族は絶対に介護の責任を負わざるを得ない、という話はしていないと強調しておく。そもそも上野は、ユニットケア形式の介護施設におけるケアワーカー（専門職）の労働強化を論じる中で、このケア責任概念を提示した。彼女の議論のポイントは、介護者としての自分が「他に代替不可能」とされることで生じる介護負担にある。そのような負担は介護家族に典型的に見られるが、もちろん専門職にも生じうる。

　そして、ここでいうケア責任が、いわゆる法的な責任ではないことにも注意したい。例えば近年であれば、認知症患者が徘徊し鉄道の線路に立ち入った事例で、介護家族に賠償責任があるかを巡って訴訟が起き、話題となった。しかしここで扱われているのは、こうした法的な責任問題とは別のものだ。

　私はこのケア責任の議論は、特に家族介護に関しては、「家族はどこまで／どのように介護すべきか」という社会規範の問題を指摘したものとして捉えている。家族は、絶対に介護をしなければならないと、法的に定められているわけではない。にもかかわらず、自分たちにはやるべきことがあると（責任感を覚えて）介護してしまう。そしてその介護のポイントが、要介護者にとってどんな介護が一番適切かを巡る判断となる。この論点は本書の中心的テーマであると同時に、上野がケア責任を巡る議論で簡潔に指摘したものでもあるのだ。本章の注（10）も参照。

（3）井口の議論のポイントは、そのように「個人」が強調されていることを前提に、介護家族が「これまでと同様に相互行為が見込める相手」として患者をみなす場合がある、という点であった。すなわち、「正常な人間」像と「認知症をかかえる者」との、類型間の競合という問題である（井口 2007）。しかしこの問いの立て方では結局、「医療」（認知症を抱える者という類型）と「個人の尊重」（正常な人間という類型）の対立という図式に議論が収束してしまう問題点があった。

（4）西阪仰は次のように記している。

> 社会的秩序には物理秩序に還元できない水準がある。社会的秩序はなによりもまず、やってよいことと悪いことが区別されている状態である。もちろん、やって悪いことが頻発するような状態を無秩序と言うこともできるかもしれないし、実際にそういうふうに言うこともある。しかし、それでもそれが悪いことと認められるかぎり、一定程度の秩序がある。それがほんとうの無秩序になるのは、みんなが平気でやってはいけないことをやるようになり、もはやそれが悪いこととは認められなくなるときである。（西阪 1997: 22-23）

（5）ハッキングは「仮面はがし」型の研究を、Xという研究対象について「Xは不可避ではない」「Xは悪いものだ」「Xがなければ世の中はそれだけ良くなる」という三つのテーゼにコミットしたものだとしている（Hacking 1999=2006: 45-46）。例えば序章で紹介した「障害を巡る予言の自己成就」の議論（Lyman 1989）は、その典型だろう。「認知症の社会的構築」をタイトルに掲げるハーディングとポールフリも、認知症患者とされる人びとの行動を「[認知症の]代わりとなる概念のレンズを通して見ること」（Harding & Palfrey 1997: ix）を、研究の方針として掲げている。

このように一九八〇年代や九〇年代の研究の中には、認知症というラベリングは恣意的な（つまり不可避ではない）上に悪いもので、そんなラベリングに基づく介護などない方が良いのではないか、という研究者達の怒りすら読み取れるものがある。そうして徹底的に認知症の相対化を試みる議論（ハッキングなら「「反抗的」な構成主義者」と呼ぶだろう）も、当時の認知症介護を取り巻く状況を考えれば理解できる。当時はまだ、例えばパーソンセンタードケアの考えは主流となっていなかったのだ。

しかしそうした「仮面はがし」型の研究には、介護家族や専門職も、研究者と同様に怒ったり反省したりするのだ、という視点が欠けていた。例えば、私が調査に協力してくれた介護家族に「誰かが認知症とみなされるかどうかは相対的なんですよ」と言っても、驚かれるどころか「そうそう、そうなんですよ」と返事をされるだけだろう。そんなことは織り込み済みで介護をしている人びとについて、どのような分析を展開するか。これは一連の調査の中で常に考えた問題だった。

（6）ハッキングはこの「接近不可能な類」を巡り、例えば「自閉症」の人びとは自身がどのように専門的に語られているか意識できない、と論じたのではない。実際彼はその後の研究でも、（それまでは「自分の経験を語れない」「意識できない」と社会的にみなされがちだった）自閉症の人びとが自らの経験を語り始めたことの意義に注目している。

彼が「接近不可能な類」の議論で注意を促したのは、二点あると理解できる。

第一に、社会には「その人が自分のことをどこまで意識できているのか」が争点になるような人びとが存在している、という点。精神疾患の患者たちは、その典型だ。彼らはその障害の特徴から、自分たちの状態を完全に把握できるとはされない（序章で触れた、認知症の「病態失認」を巡る議論を参照）。しかし一方でだからこそ、患者たち自身が自らの経験を語ることに、しばしば注目が集まる。それが、これまで周囲の人びとから見過ごされてきた当事者の心や経験のあり方を描いたものだと、社会的に評価されるからだ。

だからこそハッキングは、分類される当人だけではなく、その周囲にいる「より広い範囲の一団の人びと」に注目する重要性を指摘したといえる。これが第二のポイントだ。ある概念のもとに分類された人びとがどのように扱われるのかは、周囲の反応に左右される。「医療に対する「社会学」固有のアプローチ」として、「「病気」というものに対する「社会的反応」」が挙げられるが（進藤 2006: 35）、ここにおいてハッキングの提示した問題と社会学的なアプローチは、明確に関連づく。

（7）なお、この「概念分析の社会学」というプロジェクトについては、「既存の研究伝統におけるさまざまな「枠組」との相違を論じて欲しいとの多数のリクエスト」が寄せられたという（酒井 2016: 300）。しかし私には、このリクエストは全く的外れに思える。

そもそも、二つの論集の編者でもある酒井泰斗が「本企画の目標には「新規性ある枠組の提起」は含まれていない」（酒井 2016: 300）と明言していることに注意すべきだ。例えば、社会学で「概念分析」と自称して分析を行った例は、酒井ら以外にも、エスノメソドロジストのジェフ・クルター（Coulter 1979=1998）や西阪（1998）が挙げられる。その西阪は、概念分析の基本的な発想は、エミール・デュルケムの古典的な議論にさかのぼることができると、指摘している。デュルケムは『宗教生活の原初形態』の結論として、次のように記している。

> 概念こそ、論理的思考のための素材である。だから、論理的思考の生成に社会がどのような役割を果たしえたかを考えようとするならば、社会が概念の形成とどう関わってきたと考えうるかと問わなければならないだろう。
>
> （Durkheim 1912=1975: 350〈訳文は、西阪 2008: 37 のものを採用した〉）

ここに挙げたデュルケムの問題設定と、その後の社会学的な相互行為分析との関係は、西阪（2008）に詳しい。いずれにしても、私たちの「社会生活」が、私たちが普段用いている「概念」とどのような関係にあるかを探究することは、社会学が長年取り組んできた課題だといえる。

私自身は、この概念分析の社会学というプロジェクトは、日本の社会学にとっての「原点回帰と刷新」、映画シリーズを語る表現になぞらえるなら一種の「リブート」だったと捉えている（木下 2017a）。

（8）ハッキングは、ある専門的概念が人びとの振る舞いに変更を促す側面だけでなく、その後人びとの振る舞いが専門的概念の変更を促すことまでを議論の射程に収めていた。彼はこれを「ループ効果」と呼んでいる（Hacking 1995=1998）。

酒井（2009）によれば、ループ効果を分析する際には三つの側面に注目しうる。第一に、「人間に関する科学的・専門的な概念は、どのようにしてその意味を獲得し、日常生活との関連性をもちうるのか」。第二に、「人間に関する科学的・専門的な概念が日常生活に入り込んでくるとき、そこでどのような経験の可能性が生じるのか」。第三に、「新たな経験に基づく知識は、専門的な知識にどのような効果をもたらしうるのか」。

本書の議論を、このループ効果を巡る議論として捉えた場合、この中でも特に第二の論点との関連が強いだろう。

（9）あるいは今や、健康だという自負のある人が認知症予防に励んだり、物忘れが心配になった人が「認知症ではないか」と自ら受診したりすることすらある。こうした例も、認知症概念が社会に浸透する中で生まれる「新しい行為」として捉えることができるだろう。

小池高史（2017）は、「認知症にかんする知識が広く共有されているなかで、現に認知症である当事者やその周囲の人たち以外の人も、認知症にかんする知識を参照し、それを用いた行為を実践している」例として、ある自治体主催の「脳の元気度チェック」（認知機能検査）を取り上げている。この中で小池は、この事業に応募した複数の「65歳以上の一般住民」（つまり、特に認知症の診断などは受けていない人びと）と検査者（臨床心理士など）の会話を、会話分析の手法で分析している。

（10）平山亮（2017）は、介護家族が担う「マネジメント」や（介護にかかわるアクター間の）「関係性の維持」に注目する。彼は、食事の準備や力仕事といった「タスク」の背景には、様ざまな「お膳立て」が必要なのだと強調して、次のように論じる。

> 提供されたものがケアとして機能するためには、さまざまな「お膳立て」が必要である。親のケアに関して言えば、その「お膳立て」とは、親にいま何が必要かを判断し、親がそれを得られるよう、親を取り巻く人々や状況を鑑みながら、誰が・いつ・どのようにそれを提供すればうまくいくかを考えることである。
>
> （平山 2017: 91）

個々の「タスク」よりむしろ、それを機能させるための「マネジメント」に、そしてその「マネジメント」が介護家族にどのような負担となっているかに注目するという視点は、平山と本書が共有するものである。

ただし平山が、その「マネジメント」が「家族間」で問題となる場面に論点を絞っていたのに対し、本書は「家族と専門職のあいだ」で問題が先鋭化する場面にも、注目する。終章でもあらためて整理するように、現在の（認知症）家族介護の特徴は、介護に多様なアクターが参加している点にあると考えるからだ。

（11）次節でも述べるように、本書は基本的に高齢期の認知症患者の介護場面を検討している。ただし、例えば発症時期や原因疾患ごとの特徴などは検討していない。同じ「認知症」と言っても、そうした患者個々人の条件によって、本書の議論とはまた別の問題が発生していることは十分に考えられる。

例えば若年性認知症の場合、高齢期に発症する場合に比べ、特に発症時点では知的能力などが保たれていることが知られている。四六歳でアルツハイマー病の診断を受けたクリスティーン・ボーデンは、発症後に『私は誰になっていくの？――アルツハイマー病者からみた世界』（Bryden 1998=2003）という著書を記したことで、大いに注目を集めた。

しかし若年性認知症、特に患者本人が雄弁に語れる場合でも、周囲が様ざまなケアをしていることを忘れてはならない。小澤（2005）は、クリスティーンの夫、ポールの振る舞いを紹介している。夫妻が来日時、レセプションの席で列席者にビールを注いで回るよう、クリスティーンはポールに頼んだ。五分後、そのことを忘れて、彼女はポールにビールを注ぎに行くよう、また頼んできた。このときポールは、何も言わずにビールを注いで回ったという。彼は、小澤に次のように語っている。

> さっき注いで回ったところだよ、と言えばいいのだけれど、そうすると、今注いで回ってほしいという彼女の気持ちを無視することになる。それに、こんなことは日常生活でいくらもあるから、そのたびに訂正していると、彼女は落ち込むばかりになるんだよ
>
> （小澤 2005: 101）

彼女が認知症であるからこそ、普通ならば「訂正」する場面でそれを控え、「今注ぐ」ことを夫は選ぶ。このように、患者を囲む周囲の人びとが、相手が認知症であることで特徴的に振る舞いを変更していくことは、認知症の発症時期（若年性か、高齢期か）や原因疾患の違いを超え、共通した現象だと考えられる。

同じ「認知症」介護の経験について考えるにしても、本書の議論を過剰に一般化することは戒めたいと思う。しかし一方で、本書の調査協力者たちを超え、さらに多様な立場の人びととの経験に共通するものを描けていれば幸いであ

る。

（12）「成年後見制度」とは、認知症、精神障害、知的障害などのために、判断能力が十分でない（と家庭裁判所の審判で判断された）人を支援するための制度だ。その主な支援内容は、金銭管理と身上監護（医療や福祉サービス利用時の手続きや契約の代行、あるいは本人の生活状況の確認など）に大別される。こうした支援を、家庭裁判所から任命された「成年後見人」が、被後見人本人に代わって行うことになる。この成年後見人には家族が任命されることもあり、Mもその一人だ。

2章

（1）本文でも引用した精神科医・河野和彦は、「家族からの情報」だけでなく、「職員からの情報」すなわち介護にかかわる専門職の気づきも、一方で重視している。河野は、この場合の専門職として、「外来受付職員や看護師、薬剤師」を挙げている（河野 2010: 24-26）。いずれの職種も、高齢者と日常的にコミュニケーションをとる立場にあることが、共通している。

（2）「社会問題の構築主義」とは、社会問題を、何かが問題だと定義づけようとする人びとの活動（「クレイム申し立て活動」）と捉え、調査する研究プログラムを指す。それが水質汚染の告発であれ、来るべき宇宙人の侵略への準備（！）であれ、人びとは相手を納得させ、何らかの行動を起こさせるために、様ざまな根拠を用意したりレトリックを用いたりする。社会問題の構築主義は、具体的な場面における相互行為に注目し、告発や反論、調査の要求などがどのように連鎖するかを研究しようとした（Spector & Kitsuse 1977=1990、中河 1999）。

　この立場に立つ代表的な研究者にロバート・エマーソンがいるが、出口は、このエマーソンらが用いた「トラブルのミクロ・ポリティクス」の分析枠組に基づき、分析を進めている。エマーソンらは「トラブル」を、「何かがおかしいという表明がされ、何らかの修復〔remedy〕がなされる対象」と定義している（Emerson & Messinger 1977）。

　なお本書でも3章と4章で「トラブル」という言葉を用いるが、それもこのエマーソンらの定義に則っている。ただし4章ではremedyの訳を変更している（4章注1参照）。

（3）井口（2007）では、「リアリティのズレ」を指摘した後、次の小節ではすぐに「医師から明示的に認知症という診断を受けた二つの事例」（井口 2007: 130）の検討が始まっている。本章が議論したいのは、「リアリティのズレ」と「明示的」な診断とのあいだの、いわば先行研究における空白地帯である。

（4）このマイケル・リンチ（Lynch 2001）の問題提起は、イアン・ハッキングとの議論の中でされている。彼は、ハッキングが「解離性同一性障害」に加えた分析（Hacking 1995=1998）等を高く評価しつつ、それが専門家の議論に対する歴史的分析に留まっていると指摘した。その上で彼は、アーヴィング・ゴッフマン（Goffman［1971］2010）にならい、人びとの相互行為を分析する必要性を主張する。

（5）本章のもとになった論文（木下 2012b）では、Jの資格を「ホームヘルパー二級」としていたが、これは誤りだ。論文発表後、J本人より指摘を受けたため、訂正する。

（6）しかし、なぜ長男が介護の体制から外れることになったのかは、重要な論点だ。私は、その体制づくりの過程にも、きょうだい間で認知症概念を巡る特徴的なやり取りがあったと考えている。これは、5章「他の介護者に憤る――介護家族による「特権的知識のクレイム」」で分析する。

（7）JI姉妹は共に、調査では自分たちが「母親を認知症と思いたくなかった」という可能性を否定している。例えばIは、診断が下ったときの自身の感想を「自分でも意外なくらいホッとした」（Field note 2012.1.21）としている。もちろん、スティグマ化された病への否定的態度の有無は、本人が認めるか認めないかで明らかになるものではないかもしれない。しかし、本章が注目している、ある概念と自分たちの経験とを結びつける上での困難は、そうした拒否感の有無には回収できない問題だといえる。

（8）日本神経学会が作成した認知症疾患の治療ガイドラインでは、「認知症」と区別すべき病態として、「せん妄」「健忘性障害」「精神遅滞」「統合失調症」「大うつ病」「詐病・虚偽性障害」「加齢に伴う正常な認知機能低下」の七つが挙げられている（「認知症疾患治療ガイドライン」作成合同委員会編 2010: 8）。

　また、家族と医師が、同じく病態を取り違える場合がある。例えば、若年認知症の妻を介護中のEは、妻の症状を長年「うつ病」だと解釈し、精神科を受診していたが、ある時期までは主治医も同様に「うつ病」と診断していた（Field note 2009.4.25）。

　さらに、後に認知症と診断される本人が、異なる自己診断を下す場合もある。ある家族会メンバー（七〇代）の夫は長年、自身を「自律神経失調症だ」と判断し、通院していた。このときは、主治医も同様に診断していた（Interview 2010.4.13）。

（9）JI姉妹と異なり、高齢者と長らく同居していた家族からも、同様の訴えがある。例えば重度認知症の妻を介護中のGは、「〔妻とは同居していたが〕僕なんかもう、仕事で出っ放しでしょ。（略）〔妻の様子に〕ずっとこう〔違和感を〕感じてるんだけど、あんまりわからないんだよね」と発症期を振り返る（Interview 2008.12.27）。

　あえて言えば、同居別居を問わず、家族の日常生活のパターンを把握しきることは不可能だろう。認知症は、家族内でその事を顕在化させる。

（10）「説明可能かつ理解可能（accountable）」という表現は、エスノメソドロジーの用語法になぞらえている。

（11）本章の議論に関連し、専門職による認知症診断について、ローレンス・アン・テシエは重要な指摘をしている。彼女は、「認知症診断を専門とする世界的に著名なアメリカ合衆国の〔医療〕機関」でフィールドワークを行い、その診断過程で「悪いインフォーマント」が果たす役割に注目した。高齢者が医療機関を受診する場合、一人ではなく、家族と共に受診するケースはしばしば見られる。「悪いインフォーマント」とはその中でも、(妻が鳩と一緒に地面を這っていようが)妻には何の変化もないと頑なに否定する夫や、(子どもをけしかけて妻を笑い者にするといった)意地悪な対応をとる夫のように、診断に協力的でない配偶者を指す。

テシエが注目したのは、そうした悪いインフォーマントと高齢者との関係が、専門医たちによって診断の資源として用いられていることだった。例えば、何も気にしない夫との奇妙な夫婦関係が妻の「アルツハイマー型認知症」を、あるいは夫の意地悪な言動に対して妻がとる過剰に受動的な態度が「前頭側頭型認知症」を疑わせるものとして、それぞれ注目されていく。診断技術が精緻化する一方で、「患者が他者と結ぶ具体的な関係」が専門的な推論において重要な役割を果たしていると、彼女は論じる(Tessier 2017)。

テシエは、「悪いインフォーマント」である家族に注目したわけだが、本章は逆に「良いインフォーマント」すなわち診断に協力的な家族に注目したものと位置づけられる。そしてJI姉妹にとってもまた、母Kと結んできた「具体的な関係」が、推論のカギとなったのだ。

(12) ハッキング自身は、解離性人格障害と児童虐待を、そうした専門的概念の事例として検討している(Hacking 1995=1998, 1999=2006)。

3章

(1) ここに引用した『老いの心と臨床』(竹中 2010)は、もともと一九八三年に出版され、その後、加筆修正を経て再刊された。竹中には、「認知症」という用語が医学的に不適切であり、また結果的に高齢者の人権侵害をもたらしているという危機感(詳細は同書の「解説」を参照)があり、再刊時にも「痴呆」という言葉が用いられている。

(2) 1章の注(12)でふれた通り、成年後見制度は、認知症、精神障害、知的障害などのために、判断能力が十分でない(と家庭裁判所の審判で判断された)人の権利を擁護する(advocacy)ためにある。Mは、家庭裁判所の任命を受け、Lが施設に入所した直後から成年後見人を務めている。

(3) 介護保険制度における要介護度は、予防給付の対象となる要支援1から2、介護給付の対象となる要介護1から5までの、七段階で判定される。それぞれ、数字が大きくなればなるほど、給付額が増える。

この判定は、要介護認定基準にそってなされ、二段階に分かれる。一次判定では、訪問調査員による調査結果をコンピュータで判定、二次判定では、一次判定結果をもとに、主治医の意見書や訪問調査の特記事項を考慮しながら、複数の関連専門職からなる介護認定審査会が判断を下す。この判定は、どの程度のサービスをその人が必要としているかを、その人が介護を必要とする「時間」に基づいて検討している。

　このように、要介護度は「〝時間〟による基準」に基づいて判定されるため、厳密には患者の「心身の重篤度と要介護度は必ずしも重ならない」ことも、一方で指摘されている（堤 2010: 30-39）。

（4）ジェイバー・グブリアムは、介護家族が語る「坂」のイメージを詳細に分析している（Gubrium 1987）。

（5）前田泰樹が失語症を例に、この記憶をめぐる論理的な関係を詳細に検討している（前田 2008）。

（6）ここでは、原書 *What is Family?* で用いられる〝privileged knowledge〟という概念に、「特権的知識」という訳をあてている。同書を翻訳した中河伸俊・湯川純幸・鮎川潤は、これを同じく「特権的知識」と訳している箇所もあるが（翻訳書一九四ページ）、主に「特権的な知識」という訳を採用している。

　本書、またそのもとになった論文（木下 2013）では、「特権的知識のクレイム」〝claims of privileged knowledge〟のような複合的表現になったときの読みやすさを考え、「特権的知識」という訳を用いている。

4章

（1）本章では「トラブル」を、エマーソンらの定義に則り、「何かがおかしいという表明がされ、何らかの修復（remedy）がなされる対象」（Emerson & Messinger 1977）として用いる。ただし、頻出する〝remedy〟の訳語が「修復」であると議論の展開がわかりにくくなるため、本章では「なんとかする」と表現している。

（2）一方で、そもそも家族会が、「患者本人のその人らしさを尊重する」という新しい認知症ケアの理念を牽引し、普及させる場であったことも指摘しておかねばならない。大熊由紀子（2010）が、一九八〇年に結成された「呆け老人をかかえる家族の会」（現「認知症の人と家族の会」）を、日本において「ぼけ」を社会問題にした先駆けと評価するように、日本の認知症ケアは、介護家族と医療・介護専門職たちが協力しながら刷新されてきた。序章でも触れた通り、そうした運動の結果生まれたのが新しい認知症ケアであった。

　つまり多くの家族会は、「〔患者〕一人ひとりの人生が透けて見えるようなかかわり」と「病を病として正確に見定めること」、それぞれの重要性を強調し、二つの視点を「統合すること」（小澤 2003: 195）を、そもそも目指していたと考えられる。本章ではその一側面である、相手の過去の像と距離を置くアドバイスに注目するが、家族会の活動が患者の人生の尊重と対立するものではなく、むしろそれを普及させてきたことに、読者の注意を促しておきたい。

一九八〇年代以降の家族会の活動の中で、どのように患者の人生を尊重する介護が模索されてきたのかについては、また別稿で議論したい。

(3) 井口は、家族会における解釈の「自由度」(井口 2007: 226)を示す事例として、ある女性の相談場面を例示している。この場面で女性は、認知症だと診断された義母が、自分に対してだけ怒りっぽいのはなぜか、相談したという。義母は、「周囲の人間を識別した上で怒りをコントロールしているのではないか、ということだ。井口はこの相談に対し、他のメンバーから、認知症になると「体裁が維持できなくなる」、あるいは相談者に特に怒りが向くのは「甘えなんですよ、逆に安心感があるから」などと、「〔患者の〕行動に関する様々な解釈」(井口 2007: 227)が加えられたことを紹介する。

つまり井口は、一つの相談に対して、他のメンバーから「様々な解釈」が加えられたことをもって、家族会での解釈には自由度があると指摘するに留まっているのだ。

(4) 例えば荒井浩道は、本章と同じく「認知症家族会」を事例として分析する中で、家族会では「献身的介護」という「介護の規範性」が相対化され、「手抜き介護」という共同体の物語が提示されている、と論じている(荒井 2013)。

しかし本章の視点からすると、手を抜くということも介護をめぐる一つの規範であると捉えられる。いずれにしても具体的にどのような場面で、どのように振る舞えば手を抜いたことになるのか、より詳細な検討が必要だと考える。

(5) イアン・ハッキングは、『何が社会的に構成されるのか』の原書の中で、アルツハイマー型認知症の最初の症例「アウグステ・D」のケース記録に注目している。この一九〇一年の記録では、患者が意味もなく怒りっぽくそして攻撃的になり、同時に混乱していることが強調されている。つまり、現在強調される記憶障害が、当時は「疾患の主要なサイン」とはみなされていなかった、ということだ。ハッキングは、アルツハイマー型認知症の症状として記憶障害が注目されるようになった理由の一つとして、「記憶力の低下を測定する客観的で数量的なテストを定義することは容易だが、攻撃性の程度を測定する方法について同意を得ることはそうではないから」としている(Hacking 1999: 237〔二〇〇六年の邦訳では未翻訳箇所〕)。

アネット・ライビングは、このハッキングの議論に触れた上で、一九九〇年代の後半から認知症患者の行動や心理の面に現れる症状(BPSD:周辺症状)に再び注目が集まっていることが極めて重要だと指摘する。二〇世紀の初めには認知症の症状として、患者の行動面・心理面に現れる影響が注目されていた。ところが特に一九七〇年代以降は、記憶力の低下といった認知機能への影響が強調され、議論の中心となる。それが九〇年代の後半以降、再び行動や心理への影響に、議論の中心が移っていく(Leibing

2009)。

二人の議論からは、同じ病名を用いていたとしても、どのような症状に注目し、いかなる患者像をプロトタイプとするかは、医療専門職のあいだでも時代を経る中で変化していることがわかる。

そして本章が以降の議論で注目したいのは、介護家族が家族会という場で、ときに専門職とやり取りをし、専門的な議論を参照しつつも、認知症患者について一種独特のプロトタイプを形成していることである。

(6) 家族会では、認知症を患っていない高齢者の介護や、高齢者用紙おむつについてなど、必ずしも認知症介護と関係のない相談も寄せられる。そのため一連の調査では、特に認知症に関連した相談について、重点的に記録を残すようにしている。

(7) 同じように、患者本人と認知症を分離する論理は、4節で引用するBの手記にも見られる。

(8) もちろん家族会内では、認知症概念を参照しつつ、介護家族以外のアクターが対応を改めるべきだという結論に至ることはある。典型的には、要介護者が介護施設に入所中の場合である。

例えば家族会Ⅲでは、あるメンバー（五〇代女性）が「施設入所中の伯母に、褥瘡《じょくそう》ができていることが多いのだが、伯母が訴えないため、職員はなかなか気がつかないようだ」と相談を寄せている（Field note 2010.2.17 ほか）。これに対し、他のメンバーからは「認知症の人はモノが言えない〔適切な訴えができない〕。だから、職員が気づかないというのは、言い訳にならない。本人が言えないのだから、私たち〔家族〕が言ってあげないといけない」（Field note 2010.2.17 ほか）という応答が繰り返しされている。

一連の相談の中で、問題は、施設職員の見回りの不徹底と、相談者であるメンバーの職員に対する遠慮の二つの側面から再定式化された。要介護者が介護施設に入所している場合は、当然、施設職員に大きな責任が帰属される。しかし家族には、より適切なサービスを求め、要介護者の代わりにモノを言うことが求められうる。

つまり「認知症の人」は「モノが言えない」としても、誰がトラブルをなんとかすべきかには、一定の幅があるということになる。本章ではそのような幅を見据えたうえで、家族会内で、現に相談をしている家族自身が対応を改めるべきだとアドバイスがされる場面に、論点を絞っている。

(9) Bは、「わかってもらいたいから「こんなことしたらあかんよ」などと言ってしまうと、（略）異常行動が倍になる」として、「説得」や「怒る」ことを戒める。その上で、具体的には、「徘徊が始まったら、途中で喫茶店に誘い、疲れたら家に帰ろう」など、様ざまな対処法を助言する（匿名調査協力者 2008）。

(10) 本章の注（8）を参照。他にも例えば、「仕事に行く」「家に帰る」などと言って自宅を出ようとする患者がいた場合、「そのまま一緒に家を出て、適当に会話をつづけながら家の周囲を散策し、相手が疲れてきたであろうタイミングで「そろそろ帰りましょうか」と促すと良い」というアドバイスは、複数の会で聞かれる。これは患者本人の言うことを「否定せず」、かつ徘徊から事故に至ることを予防する上で、有効だとされる。

（11）ここでみた、笑顔に基づくトラブルへの対応は、認知症患者の感情を、相互行為として分析する必要を示していると考える。ジェフ・クルター（Coulter 1979=1998）が指摘したように、私たちは互いの感情（怒り、喜びなど）を不可視のものとして扱っているのではなく、相互行為の状況や相手の表情・振る舞いなどを通じて、つまり慣習的な理解に基づいて社会的場面を評価することで理解している。介護者が患者に一定の相互行為能力を認めているからこそ、笑顔という対応が行われていると指摘できる。

（12）規範を巡る議論で重要なのは、「私たちはその場にふさわしい行為をするなかで、あるいは他人の行為をその場にふさわしくないと非難したりするなかで、自分が今どの規範にしたがっているのかを相手に示している」（小宮 2007: 106）という点だ。この「わかっているんですけどね」という相談とそれへの応答は、家族会という場での規範を、お互いにチェックし合う行為としても理解できる。

　またこの「わかっているんですけどね」という相談が、「自分はしてはならないことをわかっている」と自身の道徳的な地位を保つものであることにも、注意が必要だろう。お互いがその場の秩序を「わかっている」ことを示すことは、メンバー同士のやり取りを支える上で、非常に重要な要素である。

　例えば5節で、Tは「よくやってる」という労いの言葉を受けている。しかしもし彼女の報告が単に「夫をこっぴどく叱った」というだけのものであれば、他のメンバーが労いの言葉をかけにくくなることは、容易に想像できる。

5章

（1）この手続きなどに関しては、3章の注（3）でも整理している。

（2）井口高志は、認知症患者の症状の幅が介護家族に与える影響について、議論している。患者の症状には幅があるため、家族にとって患者は「回復」可能な存在と見える。しかし多くの場合、認知症には根本的治療法がないため、最善の介護を定義する絶対的基準がない。そのため、いつまでもどこまでも介護を続けて、自らを「代替不可能な介護者」と定義してしまう（井口 2007: 第5章）。

　このように、どこまでも家族に介護を背負い込ませる認知症介護の特徴を、井口は「介護の無限定性」と呼ぶ。

（3）専門職の下した判断に対抗する介護家族のクレイムは、様ざまな形で表明される。例に挙げたUとBの二人は、その場で専門職に伝えていたという。

ただし医師による問診には、介護家族だけでなく、患者本人も同席する場合が通常である。専門職の下した判断に介護家族が異議を唱える場合、そのクレイムにはしばしば、Iの言葉を借りれば「本人を傷つけるかもしれない話」（Interview 2010.10.18）、つまり本人の状態の悪さを証明するようなエピソードが含まれる。そのため、患者本人を前にしてそうした主張をするのは、ためらわれることがあるという。

しかしメモならば、患者本人に聞かれることなく、そうした「本人を傷つけるかもしれない話」を医師に伝えられる。また、いつ、どこで、何が起こったのか、詳細を書き込むことができる。そこで家族会では、自分の知っていることをメモの形で医師らに手渡すことも勧められる。

（4）家族会のメンバーからはしばしば、要介護度が上がると介護保険サービスの利用単価も上がるので、低い方が良い場合もある、という意見も聞かれる。家族会Ⅵで「実母の現在の介護度が高すぎる」と相談したある女性は、次回の認定では「母は、たまたまあのとき寂しくて状態が悪かったのだ」と訴えるつもりだと語った（Field note 2010.6.9）。

（5）そのため、認知症患者が「自分は何でもできる」などと発言した場合、それを症状の表れと評価することが適切とされる場合もある。五十嵐禎人（2003）は、認知症患者が調査員の前で「ホームヘルパーは頼んでいない、全部自分でできる」と発言したがために、成年後見制度の利用認定が下りた事例を紹介している。

（6）その過程で例えば、ケアを女性の愛情の発露とみなすジェンダー規範のもと、女性により多く介護責任が分担されることがある。春日キスヨは、主に一九九〇年代の家族介護を分析する中で、介護を巡る家族規範はジェンダーによって表れが違うと強調する。男性の「愛情」優先義務は妻・子に置かれ、老親ケアは女性の役割とされる。しかも男性は、自らの親の介護を妻に委託し、それを自身の愛情証明としても利用できる（春日 2001: 特に第2章）。天田城介も、同じく主に九〇年代の家族介護を分析し、女性は「娘」「嫁」「妻」「母」と役割を錯綜させながらケアを担い続け、「表象としての家族」に愛情証明を強いられる状況にあるとした（天田［2003］2010: 特に第4章）。

一方春日は、二〇〇〇年代に入って配偶者間介護が増加し、それに伴って男性介護者が増加している現状について、昭和一桁から団塊の世代までの「ロマンティック・ラブの世代」（すなわち、「家」ではなく「夫婦中心」での恋愛結婚を理想とした世代）が高齢化しているからではないかと、指摘している（春日 2010: 第5章）。

（7）ここで言及されているのは、二〇〇五年正月の出来事だ。これは、2章の年表でいえば、二〇〇四年夏の「リフォーム」を巡る事件から、二〇〇五年春の「健康診断」と称しての受診のあいだの期間にあたる。つまりこの段階で、J・I姉妹は母親が認知症だと確信し、介護の体制づくりに入っていた。

（8）天田城介は、介護家族にみられる「〔家族の〕誰にも頼ることはできない」といった認識は、「きょうだいや親族成員のそれぞれの思惑と立場が絡み合いながら、諸々の出来事に対するリアリティ定義が競合することを通じて」起こるとする（天田［2003］2010: 280–281）。

　私もこの天田の議論と基本的な視点は一致するが、注目したいのはそうした家族間の交渉にみられる認知症概念の影響だ。

（9）JI姉妹と兄（Kの長男）とのあいだでは、その後、大きな関係の変化があった。数年間かけて、兄も母の病状について理解を深めたのだ。兄は、母や姉妹とはかなり離れた場所に暮らしており、また自身の健康状態も大きく悪化したことから、介護へのかかわりは限定的だ。しかしそれでも、Kへの見舞いや、介護の方針を決めるための「家族会議」への参加などを通じ、今では介護の体制に組み込まれている。

　本章が注目したいのは、そのように協力的な家族のケースであっても、いつでもコンフリクトは生じうるということである。本章の結論でも触れるように、このケースでは「輝いていたときのそういう時間を、最も長く共有していた」という兄と母の関係が、かえって問題を生じさせたと、姉妹は解釈している。

（10）場合によると、介護家族による特権的知識のクレイムは、一種の循環構造に陥ってしまう。Bは介護手記の中に、夫の特徴を「中心介護者にのみ本当の姿を見せる」（匿名調査協力者 2008: 18）と記した。しかし本書で検討してきた事例を補助線にすると、この一文の前段と後段が互いを支え合う関係にあることが指摘できる。つまり「中心介護者」とは患者の「本当の姿」を知っている人のことであり、患者の「本当の姿」とは「中心介護者」が見た姿なのだ。

終章

（1）この点で本書は、井口高志が二〇〇七年段階で至ったものとは違う結論を導き出している。

　井口にとって介護家族が抱える「責任」の問題は、「一対一の介護状況」（井口 2007: 291）に典型的なものとして捉えられていた。そこでイメージされているのは、介護家族と患者が家庭の中で二人きりで生活しているという状況であり、その閉塞状況こそが家族に介護責任を課すのだと理解されていた。

　しかし本書が論じてきた通り、介護家族は介護に多様なアクターが参加するからこそ、「自分にしかわからないことがある」と様ざまな判断をしたり、あるいは別のアクター（専門職ら）から「この場合はどうしたら良いか」などと頼られたりする。介護家族のケア責任は、こうしたいわば開放的な状況の中で新たに生じているのだ。

（2）ジョン・トラファガンは、（本文で明記されていないが）

恐らくは一九九〇年代から二〇〇〇年頃、つまり新しい認知症ケアが普及する以前の日本（秋田県）でのフィールドワークをもとに、私と同じくPlath（1980）を引用しながら、次のように議論していた。

> 日本の文脈（Plath 1980: 217）において、誰かを一人の人間たらしめるのは相互依存関係や社会的関係であるが、ある人物のボケ（boke）が深刻な状態に進行していった場合、彼ないし彼女はそこから排除されることになる。（Traphagan 2006: 275）

トラファガンは「ボケ」という言葉が「認知症」（dementia）や「老化」との線引きが曖昧なまま使われていた（当時の）日本の状況を念頭に、高齢者達が「ボケ防止」「生きがい」などと様ざまな活動に駆り立てられていると指摘する。その上で彼は、そうした状況は一方で「ボケたら終わり」という構造、すなわち認知症を患えば、家族関係を含む様ざまな人間関係から患者たちを排除する日本社会のあり方を示している、と議論する。

トラファガンが描いたような、「日本は人間関係が重要な社会であり、だからこそ認知症を患った人は、その関係を維持できないが故に社会から排除される」という議論は、一見して分かりやすい。実際、今でも当てはまる場面があるだろう。

しかし本書の議論からは、全く別の認知症ケアの状況が見えてくる。

新しい認知症ケア時代において、個々人の認知症が深刻な状態に進行していったならば、患者は多様なケアワーカーや家族たちからなる新たな社会的関係の中に包摂されることになる。そこにあるのは、新たな包摂のメカニズムである。

さらにその過程で、介護家族は患者との「相互的な歴史」（Plath 1980=1985: 332）を振り返り、再構築していくことになる。患者と家族、あるいは周囲の人びととの関係は新たに築かれるだけではなく、過去の関係の理解すら変わりうる。

二〇〇〇年代以降の医学言説や社会制度の変化、さらには介護規範の変化は、人びとの経験に大きな変化をもたらしたはずだ。例えば（本書が刊行された）二〇一九年、トラファガンが調査を行った地域で、私同様に「真面目で、意識の高い介護家族」や家族会を対象に調査を行えば、恐らくは一九九〇年代とはまるで違った「認知症と日本社会」の関係を目にすることになるのではないか。

誰かが認知症となることで、相互依存関係や社会的関係が新たに編まれ、あるいは過去の関係が再構築されるということ。二〇〇〇年代以降の新しい認知症ケア時代に私たちが経験しているのは、こうした特徴的な事態なのだ。

（3）猪飼周平は、現在提唱される「地域包括ケアシステム」

という制度設計が医師にもたらす影響の一つに、「高度に専門的な治療を担う専門医のグループを除けば、患者の生活にとって何が必要かを判断基準の中に取り入れていかなければならなくなる」ことを挙げている（猪飼 2010: 229）。

　地域包括ケアシステムの考え方のもとでは、高齢者がシステムの中心となり、医師でさえシステムの「一翼へと位置づけ直される」（猪飼 2010: 230）。それは例えば、専門職支配の議論が想定した、医師を頂点とするヒエラルキーとは全く異なる体制となる。

　こうしたシステムづくりは、一般的に「要支援者と支援者との間のコミュニケーション」（猪飼 2010: 229）に重要な意味をもたせるが、認知症ケアの場合はそのコミュニケーションが特に重要なものと位置づけられるだろう。

　また地域包括ケアシステムのもとでは、介護家族も専門職も、皆「支援者」の一翼を担う存在とされる。つまり要支援者と支援者のあいだだけではなく、支援者同士（介護家族と何らかの専門職、他領域の専門職同士）のコミュニケーションもまた、認知症ケアの場合は重要なものとされるだろう。

（4）本書の執筆と並行して、医療・介護専門職向けのテキストに、介護家族の負担のあり方と、その軽減策を考える論考を執筆する機会を得られた（木下 2017b, 2017c）。
　それぞれの専門職が、専門的知識への習熟を深めると同時に、自分たちの仕事が介護家族の日常的知識とどのように結びついているか、考える機会をもつことは非常に重要だと私は考えている。そうした理解は、介護家族の負担軽減にもつながるはずだ。

おわりに

机の上に、三歳児が松ぼっくりで作ったクリスマス飾りが置いてある。

この「おわりに」は、二〇一八年の一二月に書いている。二〇〇八年の四月、京都大学大学院に進学して本格的に研究者の道を歩み始めてから、一〇年が経過した。その節目の年にこうして著書を仕上げられることを、うれしく思っている。

本書は、私が二〇一六年一月に京都大学大学院文学研究科に提出した博士論文をもとに、内容を全面的に書き改めたものだ。その博士論文執筆や本書出版に至るまで、多くの方々にお世話になった。この場を借りて、お礼を述べていきたい。

そもそも私の研究は、1章でも説明した通り、家族会でのフィールドワークや介護家族へのインタビュー調査から成り立っている。その家族会での調査過程については、『最強の社会調査入門』という本で、紹介したことがある。その中で私は、次のように記した。

つどいの場で私が「メモ」すなわち「フィールドノート」をとっていても、それは自然なことだった。（略）皆と同じ机の上で、誰かの発言をメモすること自体は、参加者として当たり前であり、自然なふるま

（木下 2016: 106）

いだった。

実は、この文章では説明し切れていないことがある。確かにメモをとること自体は、つどいの場で自然な振る舞いだ。しかし多くの家族会で当初、私は存在自体が非常に不自然だった。家族会の参加者の中心は、六五歳以上の高齢者が占める。二三歳で調査を始めたときには、多くの会のメンバーにとって、私は孫ほど年齢が離れていた。さらに私は、介護事業所の職員のような介護専門職でも、市区町村の担当者でもない。初めて私を見かけたとき、「この人物は何者なのだろう」と不思議に思われた方もいたのではないか（「製薬会社の人ですか」と聞かれたこともある）。

そんな私が長期間に渡って調査を継続できたのは、多くの介護家族の皆さんが、私の存在がそれぞれの場所で自然になるまで、多大な協力をしてくださったからだ。調査の趣旨に賛同し、家族会に参加しやすいよう私に自己紹介の機会を与えてくれたり、介護施設や他の家族会に紹介してくれたり、さらにはインタビュー協力者を探してくれたりと、実に多くの介護家族の方が、積極的に支援してくださった。お一人お一人の名前を挙げることはできないが、あらためて、心から感謝したい。

こうして得られた調査結果を分析し、論文としてまとめあげていく過程でも、多くの方にお世話になった。

まず、京都大学の落合恵美子先生に感謝したい。落合先生には大学院進学以来ご指導いただいていたが、最も救いとなったのが、博士論文執筆中の励ましだ。二〇一四年一二月、私は博論執筆の追い込みを迎えていた。しかしこの時期、妊娠中の妻の経過が順調ではないことが判明した。追い詰められた私は、博論の提出を諦めようかとも悩んだ。そんなときに落合先生は、電話とメールで、あまり論文のことは気にせず、妻と子どもを優先しようと励ましてくれた。ワークライフバランスに関して、とにかくライフを優先すべきときもある、と言ってくれる「上司」ほど心強いものはない。それで何か吹っ切れたのか、無事に博士論文も提出できた。母子共に健康な出産を迎えることができたと、在外研究中の先生に報告したときにも、心から喜んでいただいた。

博士論文の審査は、京都大学の伊藤公雄先生（当時）、松田素二先生、太郎丸博先生の三人にお引き受けいただいた。伊藤先生をはじめ三人の先生方は、私がそれぞれの章でいったい何を明らかにしたのか、それが先行研究をいかに刷新したのか、とことん考え抜くよう、厳しくも温かい問いかけを数多くしてくださった。そのやり取りは、本書を執筆する上での力となった。

同じく京都大学の社会学専修で教務補佐を務めていた松居和子さんにも、特にお礼を伝えたい。松居さんには大学院進学以来ずっとお世話になっていたが、特にありがたかったのが、子どもの誕生を控えた時期のサポートだった。子どもの誕生と博士論文の試問などが重なっててんやわんやの私を、松居さんは常に気にかけ、支えてくれた。

関西大学の中河伸俊先生には、大学院進学以来、一貫してご指導いただいてきた。大学院進学当時、京都大学で客員教授を務めていた中河先生のゼミは、私にとって居心地がよく、刺激に満ちた空間だった。最初に『概念分析の社会学』を読んだのも、先生のゼミである。社会問題の構築主義やエスノメソドロジーの考え方から、デュルケムの古典的議論まで、中河ゼミで得た知識や議論のスタイルは、私にとってかけがえのない基盤となっている。それに加え、私にとっての節目節目で、私の幸せを第一に考えたアドバイスを送ってくださったことには、感謝しきれない。

大阪市立大学の進藤雄三先生には、大学に進学した二〇〇四年からずっと、お世話になってきた。私が学部生時代を過ごした大阪市大で、最初に社会学の面白さを伝えてくださったのは、進藤先生だ。階段教室で先生から受けた社会学の授業が、私にとってのスタートだった。

また、特に二つの研究会に感謝したい。

まず、京阪奈社会学研究会の皆さんに〈幹事：井口高志先生〈東京大学〉、平井秀幸先生〈四天王寺大学〉〉。この研究会で最初に報告させていただいたのは二〇一一年の一二月、まだ大学院に在籍中のときだった。以降、私のほぼ全ての研究は、この研究会で検討していただいている。この場なしに、私の成長はなかっただろう。

次に、医療社会学研究会の皆さんに〈幹事：黒田浩一郎先生〈龍谷大学〉、美馬達哉先生〈立命館大学〉〉。この研究会で得られたのは知識だけではない。ベテランの先生方が、合宿をしてまで議論を重ねるというその知的探究の貪欲さは、私にとって素晴らしい刺激となった。

この他にも、大学院時代の同期をはじめ、多くの研究者仲間や先輩たちの協力によって、私の研究は成り立ってきた。ここでも、お一人お一人の名前を挙げることはできないが、心から感謝したい。

本書のもとになった研究は、ＪＳＰＳ科研費10J05340、14J03469、17H07019の助成を受けたものである。こうした研究費助成によって、私は研究を継続し、発展させることができた。この場を借りて感謝したいし、そうした研究費助成の果たす役割の大きさについて、広く社会に訴えたい。
　また二〇一八年一二月現在、私は勁草書房の特設サイト「けいそうビブリオフィル」に、「治らなくても大丈夫、といえる社会へ――認知症の社会学」という、本書と同じサブタイトルの連載をしている（https://keisobiblio.com/）。本書では、二〇〇〇年代以降の新しい認知症ケアについて、相互行為に注目して分析した。一方WEBサイトの連載では、こうしたケアのあり方が生まれるまでの歴史を、私が調査の中で出会った印象的なエピソードから描こうとしている。本書で取り上げた事例のその後についても紹介する予定だ。関心のある読者は、あわせて読んでほしい。

　本書出版のきっかけは、世界思想社編集部の東知史さんとの出会いだった。東さんは、二〇一五年九月に開催された第八八回日本社会学会大会で私の研究報告を聞いてくださり、そこから出版の企画が生まれた。しかし、子どもが誕生したばかりの私は、特に連絡もせず、しばしば自主育児休業状態となってしまい、本書の出版は遅れに遅れた（世界思想社六九周年の年に出版することを目指していた本書は、結局七〇周年の節目の年を越し、七一周年記念へとずれ込んだ）。しかし東さんは、私の事情を最大限にくんで見守ってくださった。それぞれの原稿に寄せられた東さんの緻密なコメントには、メールの添付ファイルを開くたびに驚かされた。ありがとうございました。

　最後に、妻の登己子さんに感謝したい。彼女はこれまで、私にとって常に第一査読者であったし、これからもそうだろう。

経験と人間の科学』ナカニシヤ出版
酒井泰斗・浦野茂・前田泰樹・中村和生・小宮友根編，2016，『概念分析の社会学2――実践の社会的論理』ナカニシヤ出版
坂田勝彦，2012，『ハンセン病者の生活史――隔離経験を生きるということ』［青弓社］Amazon.co.jp，Kindle 版
佐々木洋子，2010，「医療化」中川輝彦・黒田浩一郎編『よくわかる医療社会学』ミネルヴァ書房，64-67
進藤雄三，2006，「医療化のポリティクス――「責任」と「主体化」をめぐって」森田洋司・進藤雄三編『医療化のポリティクス――近代医療の地平を問う』学文社，29-46
Spector, M. & Kitsuse, J.I., 1977, *Constructing Social Problems*, Cummings（＝1990，村上直之・中河伸俊・鮎川潤・森俊太訳『社会問題の構築――ラベリング理論をこえて』マルジュ社）
竹中星郎，2010，『老いの心と臨床』みすず書房
寺本晃久・岡部耕典・末永弘・岩橋誠治，2012，『良い支援？――知的障害／自閉の人たちの自立生活と支援　第 2 版』生活書院
Tessier, L. A., 2017, "Seeing a Brain Through an Other: The Informant's Share in the Diagnosis of Dementia", *Culture, Medicine, and Psychiatry* 41(4), 541-563
匿名調査協力者，2008，『認知症の夫と歩んだ 25 年――妻の手記から』
Traphagan, J. W., 2006, "Being a Good Rōjin: Senility, Power, and Self-Actualization in Japan", Leibing, A. & Cohen, L.(eds.), *Thinking about Dementia: Culture, Loss, and the Anthropology of Senility*, Rutgers University Press, 269-284
堤修三，2010，『介護保険の意味論――制度の本質から介護保険のこれからを考える』中央法規出版
上野千鶴子，2011，『ケアの社会学――当事者主権の福祉社会へ』太田出版
浦野茂，2009，「はじめに」酒井泰斗・浦野茂・前田泰樹・中村和生編『概念分析の社会学――社会的経験と人間の科学』ナカニシヤ出版，i-vi
和田行男，2003，『大逆転の痴呆ケア』中央法規出版
Whitehouse, P. J., 2008, *The Myth of Alzheimer's: What You Aren't Being Told About Today's Most Dreaded Diagnosis* [St. Martin's Press] Amazon.com, Kindle edition
柳谷慶子，2011，『江戸時代の老いと看取り』山川出版社
吉岡充・田中とも江編，1999，『縛らない看護』医学書院

初出一覧

本書の各章は，以下の既発表論文を元に，大幅に加筆修正したものである。
2 章：木下(2012b)　3 章：木下(2014)　4 章：木下(2012a)　5 章：木下(2013)

族へのケア』岩波書店，37-54
————，2015，『介護はいかにして「労働」となったのか――制度としての承認と評価のメカニズム』ミネルヴァ書房
室伏君士，2008，『認知症高齢者へのメンタルケア』ワールドプランニング
中河伸俊，1998，「悩む――個人の悩みと社会問題」伊藤公雄・牟田和恵編『ジェンダーで学ぶ社会学』世界思想社，126-141
————，1999，『社会問題の社会学――構築主義アプローチの新展開』世界思想社
中村和生，2007，「合理的であるとは，どのようなことか」前田泰樹・水川喜文・岡田光弘編『ワードマップ　エスノメソドロジー――人びとの実践から学ぶ』新曜社，75-98
日本認知症学会編，2008，『認知症テキストブック』中外医学社
「認知症疾患治療ガイドライン」作成合同委員会編，2010，『認知症疾患治療ガイドライン 2010』医学書院
西阪仰，1997，『相互行為分析という視点――文化と心の社会学的記述』金子書房
————，1998，「概念分析とエスノメソドロジー――「記憶」の用法」山田富秋・好井裕明編『エスノメソドロジーの想像力』，204-223，せりか書房
————，2008，『分散する身体――エスノメソドロジー的相互行為分析の展開』勁草書房
岡本祐三，1996，『高齢者医療と福祉』岩波新書
大熊一夫，［1973］2013，『ルポ・精神病棟（電子書籍加筆復刻版）』［朝日新聞社］Amazon.co.jp，Kindle 版
————，［1988］1992，『ルポ　老人病棟』朝日文庫
大熊由紀子，2010，『物語介護保険――いのちの尊厳のための 70 のドラマ（上）』岩波書店
大沼和加子・佐藤陽子，1989，『家で死ぬ――柳原病院における在宅老人看護の10 年』勁草書房
小澤勲，2003，『痴呆を生きるということ』岩波新書
————，2005，『認知症とは何か』岩波新書
小澤勲編，2006『ケアってなんだろう』医学書院
Plath, D. W., 1980, *Long Engagements: Maturity in Modern Japan*, Stanford University Press（＝1985，井上俊・杉野目康子訳，『日本人の生き方――現代における成熟のドラマ』岩波書店）
酒井泰斗，2009，「ナビゲーション〈2〉」酒井泰斗・浦野茂・前田泰樹・中村和生編『概念分析の社会学――社会的経験と人間の科学』ナカニシヤ出版，70-73
————，2016，「おわりに」酒井泰斗・浦野茂・前田泰樹・中村和生・小宮友根編『概念分析の社会学 2――実践の社会的論理』ナカニシヤ出版，293-305
酒井泰斗・浦野茂・前田泰樹・中村和生編，2009，『概念分析の社会学――社会的

and the Anthropology of Senility, Rutgers University Press, 240-268
———, 2009, "From the Periphery to the Center: Treating Noncognitive, Especially Behavioral and Psychological, Symptoms of Dementia", Ballenger, J. F., Whitehouse, P. J., Lyketsos, C. G., Rabins, P. V. & Karlawish, J. H. T. (eds.), *Treating Dementia: Do We Have a Pill for It ?*, the John Hopkins University Press, 74-97
Lock, M., 2013, *The Alzheimer Conundrum: Entanglements of Dementia and Aging*, Princeton University Press（＝2018，坂川雅子訳，『アルツハイマー病の謎——認知症と老化の絡まり合い』名古屋大学出版会）
Lyman, K. A., 1988, "Infantilization of Elders: Day Care for Alzheimer's Disease Victims", *Research in the Sociology of Health Care* 7, 71-103
———, 1989, "Bringing the Social Back In: A Critique of the Biomedicalization of Dementia", *The Gerontologist* 29(5), 597-605
Lynch, M., 2001, "The Contingencies of Social Construction", *Economy and Society* 30 (2), 240-254
Madesen, O. J., Servan, J. & Oyen, S. A., 2013, " 'I Am a Philosopher of the Particular Case': An Interview with the 2009 Holberg Prizewinner Ian Hacking", *History of the Human Sciences* 26(3), 32-51
前田泰樹，2008，『心の文法——医療実践の社会学』新曜社
———，2009，「ナビゲーション〈1〉」酒井泰斗・浦野茂・前田泰樹・中村和生編『概念分析の社会学——社会的経験と人間の科学』ナカニシヤ出版，3-9
松本一生編，2010，『喜怒哀楽でわかる認知症の人のこころ』中央法規出版
Maurer, K. & Maurer, U., 1998, *Alzheimer: Das Leben eines Arztes und die Karriere einer Krankheit*, Piper Verlag GmbH（＝2004，新井公人監訳，『アルツハイマー——その生涯とアルツハイマー病発見の軌跡』保健同人社）
美馬達哉，2015，「さらばアルツハイマー？——認知症の一世紀」『現代思想』43 (6)，114-130
宮崎和加子，2002，「寝たきり・痴呆老人の戦後史」川上武編『戦後日本病人史』農山漁村文化協会，517-584
———，2011，『認知症の人の歴史を学びませんか』中央法規出版
三好春樹，2012，『完全図解　新しい認知症ケア　介護編』講談社
持塚久美子・青田安史，2014，「在宅療養者の経口摂取が困難になったとき」松田純・青田安史・天野ゆかり・宮下修一編『こんなときどうする？　在宅医療と介護——ケースで学ぶ倫理と法』南山堂，17-23
Moreira, T., 2017, *Science, Technology and the Ageing Society*, Routledge
森川美絵，2008，「ケアする権利／ケアしない権利」上野千鶴子・大熊由紀子・大沢真理・神野直彦・副田義也編『ケア　その思想と実践4——家族のケア　家

菊池いづみ，2010，『家族介護への現金支払い——高齢者介護政策の転換をめぐって』公職研
木下衆，2012a，「家族会における「認知症」の概念分析——介護家族による「認知症」の構築とトラブル修復」『保健医療社会学論集』22(2)，55-65
————，2012b，「日常からの逸脱を識別する——「認知症」発症期に関する介護家族の語りから」『ソシオロジ』57(1)，93-109
————，2013，「介護家族による「特権的知識のクレイム」——認知症家族介護への構築主義的アプローチ」『社会学評論』64(1)，73-90
————，2014，「「認知症」患者の「人生」と「はたらきかけ」——ある介護家族の実践の医療社会学的分析」『フォーラム現代社会学』13，45-57
————，2016，「フィールドノートをとる——記録すること，省略すること」前田拓也・秋谷直矩・朴沙羅・木下衆編『最強の社会調査入門——これから質的調査をはじめる人のために』ナカニシヤ出版，103-118
————，2017a，「（書評）酒井泰斗・浦野茂・前田泰樹・中村和生・小宮友根編『概念分析の社会学 2——実践の社会的論理』（ナカニシヤ出版，2016 年）」『保健医療社会学論集』28(1)，100-101
————，2017b，「家族が認知症に気づくことの難しさ——介護の「入口」に立つうえで」井藤英喜監修，伊東美緒編『認知症の人の「想い」からつくるケア——在宅ケア・介護施設・療養型病院編』インターメディカ，56-59
————，2017c，「家族が専門職に憤るとき——「あなたは認知症をわかっていない」」井藤英喜監修，伊東美緒編『認知症の人の「想い」からつくるケア——在宅ケア・介護施設・療養型病院編』インターメディカ，60-63
Kitwood, T., 1997, *Dementia Reconsidered: The Person Comes First*, Open University Press（＝2005，高橋誠一訳，『認知症のパーソンセンタードケア——新しいケアの文化へ』筒井書房）
小池高史，2017，「認知機能検査の会話分析——検査の会話における焦点と問題の処理」『保健医療社会学論集』27(2)，57-66
小宮友根，2007，「規範と行為」前田泰樹・水川喜文・岡田光弘編『ワードマップ エスノメソドロジー——人びとの実践から学ぶ』新曜社，100-107
河野和彦，2010，『認知症の診断——アルツハイマライゼーションと時計描画検査（改訂版）』フジメディカル出版
————，2012，『完全図解　新しい認知症ケア　医療編』講談社
高齢者介護研究会，2003，『2015 年の高齢者介護——高齢者の尊厳を支えるケアの確立に向けて』厚生労働省　http://www.mhlw.go.jp/topics/kaigo/kentou/15kourei/3.html
Leibing, A., 2006, “Divided Gazes: Alzheimer’s Disease, the Person within, and Death in Life”, Leibing, A. & Cohen, L. (eds.), *Thinking about Dementia: Culture, Loss,*

Princeton University Press（＝1998, 北沢格訳, 『記憶を書きかえる――多重人格と心のメカニズム』早川書房）
――――, 1996, "The Looping Effects of Human Kinds", Sperber, D., Premack, D. & Premack, A. J. (eds.), *Causal Cognition: A Multi-disciplinary Debate*, Princeton University Press, 351-383
――――, 1999, *The Social Construction of What ?*, Harvard University Press（＝2006, 出口康夫・久米暁訳, 『何が社会的に構成されるのか』岩波書店）
――――, 2002, *Historical Ontology*, Harvard University Press（＝2012, 出口康夫・大西琢朗・渡辺一弘訳, 『知の歴史学』岩波書店）
早川一光, 1979, 『わらじ医者京日記――ボケを看つめて』ミネルヴァ書房
Harding, N. & Palfrey, C., 1997, *The Social Construction of Dementia: Confused Professionals ?* , Jessica Kingsley Publishers
平山亮, 2017, 『介護する息子たち――男性性の死角とケアのジェンダー分析』勁草書房
Holstein, J. A. & Gubrium, J. F., 1995, *The Active Interview*, Sage Publications（＝2004, 山田富秋・兼子一・倉石一郎・矢原隆行訳, 『アクティヴ・インタビュー――相互行為としての社会調査』せりか書房）
Hughes, J. C. & Baldwin, C., 2006, *Ethical Issues in Dementia Care: Making Difficult Decisions*, Jessica Kingsley Publishers
Hughes, J. A. & Sharrock, W. W., 1997, *the Philosophy of Social Research: Third Edition*, Pearson Education
猪飼周平, 2010, 『病院の世紀の理論』有斐閣
五十嵐禎人, 2003, 「成年後見制度と意思能力判定の構造」『老年精神医学雑誌』14(10), 1228-1239
井口高志, 2005, 「痴呆をかかえる者とのコミュニケーションにおける二つの理解モデル――疾患モデルから関係モデルへ？」『ソシオロジ』50(1), 17-33
――――, 2007, 『認知症家族介護を生きる――新しい認知症ケア時代の臨床社会学』東信堂
――――, 2014, 「認知症ケアの社会学の構築と再考――どのように研究を展開してきた／いくか」第16回奈良女子大学社会学研究会（報告資料）
Innes, A., 2009, *Dementia Studies: A Social Science Perspective*, Sage
井上俊, 1996, 「物語としての人生」井上俊・上野千鶴子・大澤真幸・見田宗介・吉見俊哉編『岩波講座　現代社会学9　ライフコースの社会学』岩波書店, 11-27
春日キスヨ, 2001, 『介護問題の社会学』岩波書店
――――, 2002, 「ケアリングと教育――痴呆高齢者介護倫理の変容と実務者研修・教育」『教育学研究』69(4), 484-493
――――, 2010, 『変わる家族と介護』講談社現代新書

de France（＝1975，古野清人訳，『宗教生活の原初形態（下）』岩波文庫）

Emerson, R. M. & Messinger, S. L., 1977, "The Micro-politics of Trouble", *Social Problems* 25(2), 121–134

Fox, P. J., 1989, "From senility to Alzheimer's disease: the rise of the Alzheimer's disease movement", *The Milbank Quarterly* 67(1), 58–102

———, 2000, "The Role of the Concept of Alzheimer Disease in the Development of the Alzheimer's Association in the United States (Kindle version)", Whitehouse, P. J., Maurer, K. & Ballenger, J. F. (eds.), *Concepts of Alzheimer Disease: Biological, Clinical, and Cultural Perspectives*, (JHU Press): Chap. 8, Amazon. com, Kindle edition

Freidson, E., 1970, *Professional Dominance: The Social Structure of Medical Care*, Atherton Press（＝1992，進藤雄三・宝月誠訳，『医療と専門家支配』恒星社厚生閣）

福武敏夫，2014，『神経症状の診かた・考えかた――General Neurologyのすすめ』医学書院

Garfinkel, H., 1967, *Studies in Ethnomethodology*, Polity

George, D. R., Whitehouse, P. J. & Ballenger, J., 2011 "The Evolving Classification of Dementia: Placing the DSM-V in a Meaningful Historical and Cultural Context and Pondering the Future of 'Alzheimer's' ", *Culture, Medicine and Psychiatry* 35(3), 417–435

Goffman, E., [1971] 2010, *Relations in Public: Microstudies of the Public Order*, Transaction Publishers

Goodman, N., 1978, *Ways of Worldmaking*, Hackett Publishing（＝2008，菅野盾樹訳，『世界制作の方法』ちくま学芸文庫）

Gubrium, J. F., 1986a, *Oldtimers and Alzheimer's: The Descriptive Organization of Senility*, JAI Press.

———, 1986b, "The Social Preservation of Mind: the Alzheimer's Disease Experience", *Symbolic Interaction* 9(1), 37–51

———, 1987, "Structuring and Destructuring the Course of Illness: the Alzheimer's Disease Experience", *Sociology of Health & Illness* 9(1), 1–24

———, 1991, *The Mosaic of Care: Frail Elderly and Their Families in The Real World*, Springer Publishing Co.

Gubrium, J. F. & Holstein, J. A., 1990, *What is Family ?*, Mayfield（＝1997，中河伸俊・湯川純幸・鮎川潤訳，『家族とは何か――その言説と現実』新曜社）

Gubrium, J. F. & Lynott, R. J., 1987, "Measurement and the Interpretation of Burden in the Alzheimer's Disease Experience", *Journal of Aging Studies* 1(3), 265–285

Hacking, I., 1995, *Rewriting the Soul: Multiple Personality and the Sciences of Memory*,

参考文献

阿部真大，2004，「相続の過程にみる親の戦略的な財産管理――親子間介護をめぐって」『ソシオロゴス』28，202-215

――――，2008，「何のための遺留分制度か？――戦後民法改正に注目して」上野千鶴子・大熊由紀子・大沢真理・神野直彦・副田義也編『ケア　その思想と実践 4――家族のケア　家族へのケア』岩波書店，217-235

天田城介，［2003］2010，『〈老い衰えゆくこと〉の社会学 増補改訂版』多賀出版

American Psychiatric Association, 2013, *Diagnostic and Statistical Manual of Mental Disorders (DSM-5™)*, American Psychiatric Pub（＝2014，髙橋三郎・大野裕監訳，『DSM-5®――精神疾患の診断・統計マニュアル』医学書院）

荒井浩道，2013，「"聴く"場としてのセルフヘルプ・グループ――認知症家族会を事例として」伊藤智樹編著『ピア・サポートの社会学――ALS，認知症介護，依存症，自死遺児，犯罪被害者の物語を聴く』晃洋書房，33-68

呆け老人をかかえる家族の会編，早川一光監修，1982，『ぼけ老人をかかえて』合同出版

Bryden, C., 1998, *Who Will I Be When I Die ?*, Harper Collins Publishers（＝2003，檜垣陽子訳，『私は誰になっていくの？――アルツハイマー病者からみた世界』クリエイツかもがわ）

「痴呆」に替わる用語に関する検討会，2004，『「痴呆」に替わる用語に関する検討会報告書』厚生労働省　https://www.mhlw.go.jp/shingi/2004/12/s1224-17.html

Conrad, P. & Schneider, J. W., 1992, *Deviance and Medicalization: From Badness to Sickness*, Temple University Press（＝2003，進藤雄三監訳，杉田聡・近藤正英訳，『逸脱と医療化――悪から病いへ』ミネルヴァ書房）

Coulter, J., 1979, *The Social Construction of Mind: Studies in Ethnomethodology and Linguistic Philosophy*, Macmillan（＝1998，西阪仰訳，『心の社会的構成――ヴィトゲンシュタイン派エスノメソドロジーの視点』新曜社）

出口泰靖，1999，「「呆けゆくこと」にまつわるトラブルのミクロ・ポリティクス――家族介護者のトラブル体験に関する回顧的「語り」を手がかりに」『ソシオロジスト』1(1)，39-75

Dillmann, R. J. M., 2000, "Alzheimer Disease: Epistemological Lessons from History ?", Whitehouse, P. J., Maurer, K. & Ballenger, J. F. (eds.), *Concepts of Alzheimer Disease: Biological, Clinical, and Cultural Perspectives*, (JHU Press): Chap. 8, Amazon.com, Kindle edition

Durkheim, É., 1912, *Les Formes Élémentaires de la Vie Religieuse*, Les Presses universitaies

人名索引

【た行】

【な行】

【は行】

【ま行】

事項索引

【あ行】

【か行】

【さ行】

〈おしらせ〉

●本書には、紙版と電子版があります。

●本書（紙版）をご購入いただいた方のうち、視覚障害、肢体不自由などのため、本書のテキストデータが必要な方には、メールによる添付ファイルにて提供いたします。お名前・ご住所・お電話番号・メールアドレスを明記した用紙と「テキストデータ引換券」（コピー不可）を同封し、下記宛先までお送り下さい。

●テキストデータの利用は、点訳・音訳の場合に限り認めます。内容の改変や流用、転載、第三者への譲渡、その他営利を目的とした利用はお断りします。

〒 606-0031 京都市左京区岩倉南桑原町 56
世界思想社「家族はなぜ介護してしまうのか」編集担当

家族はなぜ介護してしまうのか
テキストデータ引換券

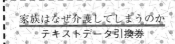

著者紹介

木下　衆（きのした　しゅう）

1986年，大阪市生まれ。

京都大学大学院文学研究科博士後期課程研究指導認定退学，博士（文学）。

現在，早稲田大学人間科学学術院講師，東京都健康長寿医療センター研究所非常勤研究員。専門は医療社会学，家族社会学。

主要著作に，『最強の社会調査入門――これから質的調査をはじめる人のために』（共編著，ナカニシヤ出版），『認知症の人の「想い」からつくるケア――在宅ケア・介護施設・療養型病院編』（共著，インターメディカ），『方法としての構築主義』（共著，勁草書房）。


家族はなぜ介護してしまうのか――認知症の社会学

2019年2月15日　第1刷発行
2019年5月30日　第2刷発行
定価はカバーに表示しています

著　者　木　下　　衆
発行者　上　原　寿　明

世界思想社
京都市左京区岩倉南桑原町56　〒606-0031
電話　075(721)6500
振替　01000-6-2908
http://sekaishisosha.jp/

（印刷・製本　太洋社）

ISBN978-4-7907-1726-3

『家族はなぜ介護してしまうのか』の
読者にお薦めの本

会話分析の方法　行為と連鎖の組織

エマニュエル・A・シェグロフ 著　西阪仰 訳

相互行為の基本組織の 1 つ、「連鎖」の組織を扱った「予備のための予備」。“発言の繰り返し”という何気ない行為の秩序を解き明かす「仄めかしだったと認めること」。会話分析の第一人者シェグロフによる 2 本の論考に、解説的訳注を付けた、新たな必読書。

本体 3,000 円

ハンセン病療養所を生きる　隔離壁を砦に

有薗真代

「俺たちは被害者だけど、敗北者ではない」——ハンセン病を得た人々が、集団になることではじめてできた活動とは何か。動けない「不自由」な者の「自由」とはどのようなものか。障害を越え、隔離壁を越え、人間の魂を耕し続けた人々の記録。

本体 2,800 円

死にゆく過程を生きる　終末期がん患者の経験の社会学

田代志門

告知、療養環境の選択、何かを遺すこと、お迎え体験——在宅緩和ケアを受け、自宅で最期を迎えたがん患者たちの語りから、「自らの死を予見しつつ今このときを生きる」という、「日常の生」と地続きにある「死にゆく過程の生」を描き出す。

本体 2,500 円

〔新版〕介護ライフスタイルの社会学

春日井典子

個人化の進行する現代社会における要介護者と介護関与者の「主体性の尊重」と「自己実現」をめざす新たな高齢者介護の分析から「主体性と自己責任のディレンマ」に悩む現代の諸相をとらえ、共生社会の創生を期待する社会変動論——待望の新版。

本体 2,100 円

価格は税別、2019 年 4 月現在